T0013855

SEVA

JASREEN MAYAL KHANNA

seva

Sabiduría sij para vivir bien haciendo el bien

Traducción de Marta García Madera

URANO

Argentina – Chile – Colombia – España
Estados Unidos – México – Perú – Uruguay

Título original: *Seva*
Editor original: Souvenir Press, Londres.
Traducción: Marta García Madera

1.ª edición Febrero 2023

Copyright © 2021 Jasreen Mayal Khanna
All Rights Reserved. First printed in Great Britain in 2022 by Souvenir Press,
an Imprint of Profile Books Ltd.
© 2023 de la traducción *by* Marta García Madera
© 2023 *by* Ediciones Urano, S.A.U.
Plaza de los Reyes Magos, 8, piso 1.º C y D – 28007 Madrid
www.edicionesurano.com

ISBN: 978-84-17694-97-5
E-ISBN: 978-84-19413-74-1
Depósito legal: B-21.935-2022

Fotocomposición: Ediciones Urano, S.A.U.
Impreso por: Rotativas de Estella – Polígono Industrial San Miguel – Parcelas E7-E8
31132 Villatuerta (Navarra)

Impreso en España – *Printed in Spain*

Para mis padres, Shaji y Simmy
Gracias por darme alas

Índice

Prefacio

Escribí este libro como homenaje a todo lo que me encanta del sijismo. Soy sij porque nací en una familia sij, pero también porque disfruto realmente de formar parte de esta comunidad que hace que sea más feliz y alegre. Considero que todas las personas, sean religiosas o no, se pueden beneficiar de nuestra forma de enfocar la vida.

Probablemente hayas visto a hombres sijes con sus inconfundibles barbas y turbantes o hayas visto nuestros *gurdwaras* (templos sijes) que sirven comida gratis a todo el mundo, o quizás hayas oído cánticos sagrados sijes, llamados *kirtans*, mientras hacías una clase de yoga kundalini. Pero, ¿quiénes son los sijes? ¿Qué es *seva*? ¿Y qué impulsa nuestra generosidad valiente al ayudar a completos desconocidos? Déjame que te dé un poco de contexto antes de dar lecciones adquiridas en nuestra cultura y nuestra fe.

El sijismo, o *siji*, es la religión más joven del mundo, con una antigüedad de 552 años. Tiene alrededor de 30 millones de adeptos; 22 millones residen en la India y el resto, en otros países. Se considera que es una comunidad de expatriados próspera en todo el mundo, desde Birmingham, en el Reino Unido hasta Vancouver, Canadá. Llamamos a nuestros hombres *sardars* y a nuestras mujeres, *sardarnis*. Nuestros *gurdwaras* no son solo templos, sino también comedores de beneficencia y refugios para personas sin hogar. Cuando los visitamos, primero bajamos la cabeza ante nuestro libro sagrado llamado Gurú Granth Sahib, después, rezamos y escuchamos *kirtans* conmovedores y, al final, vamos a la zona de cocina. Allí, todos ayudamos a preparar una comida sencilla y sabrosa llamada *langar* que se sirve gratis a cualquiera que desee comerla. Hacemos todo esto porque forma parte de nuestra cultura; sin embargo, para comprender plenamente el sijismo, debemos ver el contexto en el que se creó.

El fundador del sijismo, el gurú Nanak, nació en el siglo xv cuando la sociedad en el antiguo Punyab (la tierra originaria de los sijes, y actualmente, un estado de la India que hace frontera con Pakistán) era bastante desigual. El sistema de castas hindú prevalecía entre las masas y la tierra estaba bajo el dominio de la monarquía mogol. La solución de Nanak ante esto fue predicar sobre la amabilidad, la igualdad y el trabajo duro y decir a sus discípulos que incorporaran esos valores a su vida diaria. Su idea revolucionaria era ayudar al prójimo sin esperar una recompensa ni un beneficio personal a cambio. Así nació el *seva* (o servicio altruista) y es la cosa más impactante que hace la comunidad sij. De ahí el tema y el título de mi libro.

Hoy en día, muchas personas (no solo sijes o indios, sino también de otros países) me dicen que visitar un *gurdwara* les aporta calma y que las enseñanzas del gurú Nanak transmiten armonía y equilibrio a su vida. Sin embargo, el primer gurú sij fue bastante contracultural para su época. En aquel momento, solo las clases acomodadas se dejaban el pelo largo y llevaban turbantes. Nanak y los gurús sijes posteriores adoptaron esas prácticas para equipararse con las personas de las clases altas de la sociedad. Hubo diez gurús en total y, al final, el guruado se transfirió a nuestro libro sagrado. Nanak creía en la igualdad. Afirmaba que todas las personas, no solo las nacidas en la clase alta, deberían ser tratadas como si tuvieran el mismo rango elevado. En esta misma línea, el gurú Gobind Singh Ji, el décimo gurú sij, dio a todos los hombres sijes el nombre de *Singh* (que significa «león») porque la realeza de Rajpur usaba ese nombre. Posteriormente, dio a las mujeres sijes el nombre de *Kaur* (que significa «princesa»). Incluso el término *sardar* procede del título que se daba a los líderes del ejército mogol.

En mi libro, analizo la naturaleza sij de hacer el bien. Junto a nuestras identidades visuales características y actos altruistas de *seva* hay otros rasgos y comportamientos asociados con los sijes. En la India, los sijes tienen la reputación de ser valientes y defender las causas justas incluso con un gran coste personal. También son conocidos por ser personas despreocupadas dispuestas a reírse fácilmente de sí mismas, a pesar de llevar el legado de una historia agitada (el Punyab se llevó la peor parte en la división violenta de la India y Pakistán y los sijes fueron los más afectados por la masacre de Jallianwala Bagh y la violencia desgarradora tras la muerte de la primera ministra Indira Gandhi).

Pero pese a todo esto, seguimos siendo resilientes y reconstruimos nuestra vida mediante el trabajo duro. Si alguna vez hay un desastre natural o una acción terrorista, los indios saben que un *gurdwara* es un lugar seguro para ellos. Los sijes serán los primeros en ofrecer ayuda no solo a otros sijes sino a todo el mundo sin importar su origen. Por supuesto, son estereotipos, pero nacen de la verdad. Lo he visto en mi vida y lo he comprobado mientras investigaba para escribir este libro. Cada uno de los ocho capítulos de mi libro está dedicado a un rasgo sij determinado: servicio altruista, alegría, valentía, resiliencia, humor, trabajo duro, igualdad y positividad. Encarnarlos te ayudará a hacer más el bien y también a llevar una vida mejor.

Por último, creo realmente que estas lecciones pueden beneficiar a todas las personas, sin importar lo que crean ni el lugar del mundo en el que vivan. No es necesario que seas una persona religiosa para leer este libro; me baso en gran medida en ciencias del comportamiento para respaldar mis conclusiones. Así que prepárate para sorprenderte porque, para ser sincera, enfocar la vida desde un punto de vista fuerte, ético y feliz alegra bastante el corazón. El *seva* es una solución tan extraordinaria como sencilla.

Introducción:
¿Por qué hacen el bien los sijes?

Piensa en cualquier escena de desastres en la India y encontrarás un hilo común: voluntarios sijes yendo al lugar de la catástrofe, alimentando a los trabajadores migrantes, ayudando a las víctimas de los disturbios y limpiando después de que se produzcan terremotos. El año pasado, lleno de noticias tan difíciles, esta fuerte comunidad de 30 millones de personas destacó de nuevo por sus extraordinarios actos de bondad.

Solo en 2021, los medios de comunicación han informado de varias historias increíbles sobre este tema:

- La Hemkunt Foundation, fundada por Harteerath Singh y su familia, creó *langars* de oxígeno en varias ciudades como Nueva Delhi, Mumbai y Calcuta para ayudar a los pacientes de Covid-19 cuando la India se enfrentaba a la escasez de oxígeno.
- El *gurdwara* Rakab Ganj Sahib de Nueva Delhi creó el Guru Tegh Bahadur Covid Care Centre para su-

plir la escasez de camas de hospital en la ciudad durante la pandemia.

- El *gurdwara* Bangla Sahib de Nueva Delhi inauguró el centro de diálisis gratuito más grande de la India este año. El Guru Harkishan Institute of Medical Sciences and Research Kidney Dialysis Hospital, situado en el complejo del *gurdwara*, puede ofrecer servicio de diálisis a 101 pacientes a la vez y atender a un total de 500 pacientes todos los días.

- En Dubai, el *trust* de un *gurdwara* colaboró con una organización sanitaria para proporcionar 5.000 vacunas contra el Covid-19 a personas de todas las edades y orígenes.

- El *gurdwara* Takht Shri Huzoor Sahib de Nanded (Maharashtra) decidió utilizar todo el oro donado por los devotos durante los últimos cincuenta años para construir hospitales y facultades de Medicina. En la actualidad, los residentes de Nanded viajan a Hyderabad o Mumbai para el tratamiento médico.

Durante toda la pandemia de 2020, los sijes lograron nuevas cotas de *seva*:

- Como las reuniones religiosas estaban prohibidas, los sijes repartían *langar* (comida gratis servida por los *gurdwaras* a cualquier persona que desee comerla) y alimentos a través de furgonetas de reparto y *drive-throughs* de todo el mundo.

- Baba Karnail Singh Khaira, el director de 81 años del Dera Kar Sevun Gurdwara Langar Sahib, dio de comer a más de 2 millones de migrantes en la autopista de Maharashtra en tres meses tras el confinamiento de la nación.

- En junio de 2020, el artículo del *New York Times* «¿Cómo alimentar a multitudes durante protestas o pandemias? Los sijes saben cómo hacerlo» hizo hincapié en el *seva* realizado por los sijes estadounidenses de Queens (Nueva York) durante la pandemia y en Los Ángeles durante las protestas Black Lives Matter.

- En Detroit, Shalinder Singh y su familia repartieron cientos de *pizza pies* a los trabajadores de primera línea como policías, bomberos y personal de hospital.

- El Dashmesh Culture Centre de Calgary construyó un huerto para intentar que la gente estrechara lazos en un espacio exterior seguro y *Covid-friendly*. La comida que se cultiva se utiliza en el *langar,* pero también se la puede llevar a casa la gente para su propia cocina.

- El *Tribune*, de Chandigarh, publicó una historia acerca de un vendedor sij de verduras, Baljinder Singh, que lleva haciendo *seva* en la mezquita de Khairuddin de Amritsar los últimos cuarenta años. Cada viernes acaba de trabajar al mediodía y dedica la tarde a ocuparse del calzado de los devotos que rezan dentro de la mezquita.

¿Qué motiva a los sijes a hacer tanto el bien, a hacer esos actos que ellos denominan *seva*? ¿Hay algo en sus valores que los haga tan generosos, tan entregados? Y, ¿cómo podemos aprender de ellos los demás? Esta fue la pregunta con la que empecé el libro.

Mi comprensión del sijismo (la palabra con la que nos referimos a nuestra religión) procede de lo que vi en casa. Mi padre fue la primera persona que conocí que encarnaba esa filosofía. De niña, lo llamaba «Santa Claus con barba negra» porque mi padre conseguía hacerme sonreír todos los días. Es el *sardarji* por antonomasia: jovial, trabajador y, a veces, aterrador, que me enseñó a hacer siempre lo correcto. Su personalidad y filosofía me han mantenido siempre cerca de mis raíces del sijismo, sin importar hasta dónde me hubiera alejado en mi vida.

Mi madre pasaba las tardes elaborando masa en nuestro *gurdwara* local y me animaba a mí y a mi hermano a repartir *parshadas* (pan plano) en el *langar*. Su motivación para hacer el *seva* procedía de la alegría que le producía escuchar *kirtans* (cánticos devotos) que colmaban su sed espiritual.

Mi *nani* (abuela materna) nos contaba a mi hermano y a mí historias de la Partición (entre la India y Pakistán), y nosotros la escuchábamos fascinados. También nos dijeron que nuestro papa tuvo que quedarse en casa y no ir a la oficina para estar a salvo durante la masacre de 1984 en Delhi. Estas historias no se contaban para incitar odio ni buscar venganza. Al contrario, se hacía hincapié en nuestro legado como protectores. La amabilidad es algo *cool* para los sijes desde mucho antes de que se convirtiera en un lema hípster de Brooklyn.

Escribir este libro se convirtió en una oportunidad de echar la vista atrás e incluso investigar mi educación. Cuando procedes de esta comunidad, hacer *seva* es algo instintivo y no esperas ni siquiera una palmadita en la espalda por tu aportación. Así que, para empezar, tuve que tomar distancia y descomponer todos los elementos de mi educación que daba por sentados. Ahondé en la historia de los sijes y en nuestra rica tradición oral de narrar *sakhis*, parábolas acerca de las vidas de nuestros diez gurús, revisé algunas de las investigaciones más destacadas del campo de la ciencia, la psicología y los estudios de la conducta, y realicé numerosas entrevistas con sijes de todo el mundo.

Descubrí que puedes **dividir el sijismo en siete comportamientos o actitudes sencillos y diarios** que pueden transformar a cualquier persona. El primero es la idea de *seva*. *Seva* significa servicio desinteresado y en el sijismo no solo es una exhortación y una guía, sino también una práctica diaria, igual que cocinar o limpiar la casa. A través de sus extraordinarios actos de *seva*, los sijes tienen la reputación de ser los buenos samaritanos del mundo, como puedes ver en los ejemplos que he mencionado anteriormente.

Salir al mundo a ayudar a otras personas está entrelazado con otros valores que el sijismo pide que sus adeptos absorban. El gurú Nanak decía a los sijes que el *seva* es tan importante como el rezo, pero también les dijo que había que trabajar duro y ser consciente, vivir de forma sencilla y sonreír, incluso ante la adversidad, salir de la zona de confort y ser valientes.

Hacer el bien no es un atributo aislado. Vivir una vida alegre y con sentido es lo que impulsa la emoción de hacer *seva*. Por ese motivo, los sijes dieron de comer *langar* con cariño a los policías contra los que protestaban en las manifestaciones agrícolas del norte de la India. En última instancia, lo que destaca en el sijismo (y en la forma de hacer el bien de los sijes) es el optimismo, la alegría y la resiliencia con la que actúan. Esta positividad (que los sijes denominan *chardi kala*) es lo que hace posible que los sijes den tanto. En este libro, defiendo la idea de que el sijismo nos muestra que hacer el bien puede ser una celebración y no un deber. Ese es el secreto sij para hacer el bien. Es posible que todos hagamos este cambio en nosotros mismos.

Pero todas las religiones nos enseñan a hacer el bien y a ser buenos, ¿por qué hay un porcentaje tan alto de sijes que hacen el bien? Una razón primordial es cómo diseñó la religión el gurú Nanak. Durante su camino espiritual, pasó tiempo con ermitaños que vivían en cuevas de la montaña. Con el tiempo, rechazó la idea del ascetismo y lo que hizo fue fomentar el papel del cabeza de familia y dijo a la gente que vivieran con honor en el mundo y con el mundo. Por lo tanto, **el sijismo se creó para la vida cotidiana. Nos da una orientación sobre cómo vivir como padres, hijos, amigos, empleados, vecinos, compañeros**

de trabajo y, en última instancia, como seres humanos. El
gurú Nanak enseñó a incorporar la amabilidad, la igualdad y el trabajo duro en la vida diaria y a hacer sitio para
relaciones, trabajos, fines de semana, celebraciones y pe-
nas. Utilizó un símil básico y natural para explicárselo a
sus adeptos. Vive en el mundo, pero permanece impasible
ante él, igual que una flor de loto crece en aguas cenagosas, pero se eleva por encima de estas aguas con su belleza.

Tengo que añadir una advertencia aquí: no digo que
todo sij sea un modelo de virtud. No todos los sijes son
amables, trabajadores, valientes y joviales. Algunos son cri-
minales y perpetran actos de violencia. Yo misma no soy la
personificación de las virtudes de los sijes. Igual que todo el
mundo, los sijes son individuos complejos, y cuando digo
que hacen o piensan algo en concreto, no pretendo hablar
por todos los sijes del mundo. Con el fin de comprender los
valores generales de la comunidad, hago generalizaciones
en este libro.

El quid de la cuestión es estudiar el modo de vida sij
que ofrece lecciones maravillosas sobre cómo ser bueno
en el mundo real a pesar de tener trabajos, niños, vida social y rutinas de salud. Espero que encontréis valor en des-
enmarañar la mentalidad sij, los que creáis en la religión,
e incluso los que no.

Resulta difícil no cambiar durante el proceso de escribir un libro. Todos estos años, he creado narrativas, pero,
esta vez, ha sido esta narrativa lo que me ha perfilado a
mí. En la última década, el clima político de la India me

ha dejado completamente desencantada con la religión. Sin embargo, mientras escribía este libro, tuve la epifanía de que, de hecho, el sijismo no es mi religión sino mi conciencia. Ha guiado no solo las decisiones de mi vida, sino también mis interacciones más sencillas desde una edad temprana.

Di a luz a mi hijo, Azad, un mes antes de emprender este proyecto de libro y elegí ponerle Singh como segundo nombre. Resulta que, cuando llegó el momento de transmitir mi propio legado, soy de lo más sij. Los 7 comportamientos de los que escribo aquí son los valores que le daré como parte de su legado sij. Tal y como cantamos durante el *ardaas* (rezo sij):

Nanak naam chardi kala, tere bhane sarbat da bhala

(*Nanak naam,* es decir, divinidad, ven eterna positividad. Si Dios quiere, que haya paz y prosperidad para todas las personas del mundo).

Regla número 1:
Ayuda a alguien todos los días

Tendría unos siete u ocho años la primera vez que hice *seva*. Fue en Dhan Pothohar, mi *gurdwara* local de Mumbai. Me metieron entre bastidores, en la cocina del *langar* donde los *sevadars* (voluntarios) cocinaban. Me quedé de piedra al ver la escala de la comida que se preparaba. Había cubas enormes de *dal* (lentejas) y *kheer* (arroz con leche) cociendo a fuego lento en hornos industriales, y cazuelas del tamaño de una cama elástica con 50 *rotis* tostándose al mismo tiempo.

Me dieron una cesta de *rotis* y entré en el salón del *langar* sintiéndome bastante tímida y pequeña. Sin embargo, al cabo de una hora, ya estaba ofreciendo *rotis* alegremente a la congregación gritando «*Parshada ji!* (¿Alguien quiere pan?)». Ricos, pobres, jóvenes, viejos, todos los devotos, incluso mis orgullosos padres, se sentaban juntos en el suelo y comían de platos hechos con flores secas.

Durante mi adolescencia, nuestra familia se fue a vivir a Singapur. Incluso allí, cada domingo, visitábamos el *gurdwara* Katong en el que yo hacía *seva* lavando utensilios de cocina. A veces, lo hacía durante horas y me dolían los hombros por la postura encorvada hacia delante. Después de una sesión agotadora, anuncié en voz alta: «Hoy he lavado platos durante cinco horas». Mi madre me corrigió enseguida diciendo que el *seva* era un privilegio y no una obligación y me di cuenta de que al presumir sobre el *seva* traicionaba precisamente el propósito de hacerlo.

No fue hasta 2010 cuando vi la perspectiva de alguien de fuera sobre esta tradición. Había vuelto al *gurdwara* de Dhan Pothohar con mi madre, y mi novio (ahora marido) Aditya me llamó para hacer planes para la tarde. «Voy a hacer *seva* en el *gurdwara* con mi madre, te llamo cuando llegue a casa», murmuré.

Tenía las manos pegajosas de pelar verduras para preparar *dilkhush*, una ensalada fresca, fuerte y picante que se servía como parte del *langar*. «Ah, qué fuerte, haces *seva*», dijo, «no sabía que tenías previsto hacerlo hoy... ni siquiera sabía que lo hicieras». Prometí llamarlo más tarde y colgamos. Hacer *seva* forma parte de mi vida desde que era niña, y era raro para mí que él pareciera tan impresionado conmigo.

Las familias sijes que viven alrededor de los *gurdwaras* siempre saben cómo hacer que forme parte de sus vidas. Mi padre visitaba el nuestro cada lunes por la mañana para empezar bien su semana, mientras que mi madre trabó amistad con mujeres de la comunidad que hacían *seva* habitualmente. Mi hermano se despertaba emocionado a las cuatro de la madrugada para ir a lanzar petardos durante las *prabhatpheris* (procesiones de madrugada) que se hacían en ocasiones especiales como los *gurpurabs* (cumpleaños de los gurús sijes).

Aunque los rezos diarios se hagan en el *gurdwara*, el *seva* también es una parte igual de importante en el sijismo. Mi padre donaba dinero para los *langars* en los aniversarios de la muerte de sus padres. Mi madre nos llevaba a mi hermano y a mí a ayudar al *seva* del *langar* de forma rutinaria. A menudo me metía tanto en mi tarea que me olvidaba de la conversación educada. Todos trabajábamos a un ritmo constante, meditativo, y cuando acabábamos las tareas, volvíamos a nuestra vida. Me hacía gracia que el *gurdwara* consiguiera servir un tentempié *langar* incluso para la gente que hacía el *seva*, normalmente té y samosas. Incluso los *sevadars* reciben *seva*. Los sijes son así.

¿Por qué los sijes hacen *seva*?

Es difícil ser altruista. Ser atento, empático y generoso. Es fácil escribir acerca de estas cualidades, predicarlas. Intenta practicarlas a diario y te darás cuenta de que es más difícil que participar en una triatlón Ironman, hacerse millonario o parecer una modelo *pin-up* a los 60 años. Existe una razón por la que a muchos nos cuesta ser buenos.

Hace quinientos años, el gurú Nanak, el fundador del sijismo, comprendió esta verdad. Y creó una religión radical que ayudaba a los seres humanos a convertirse en mejores personas en su vida diaria. Lo hizo mediante una idea transformadora denominada *seva*. Llegó a la conclusión de que nuestro ego es la barrera que nos aleja de una existencia auténtica. Es el punto de vista *hu main* (yo soy), y ver el mundo desde la perspectiva del «yo» nos impide ser felices.

Sus palabras resuenan de forma significativa en nuestra vida cada vez más individualista e introspectiva. ¿Te has visto atrapado en un bucle en el que se repite una pelea que tuviste con un ser querido o preocupándote por lo que pasaría en una revisión anual con tu jefe? ¿Te vas a la cama pensando en tus finanzas o en un conflicto familiar que te reconcome? Dirigir tu atención a servir a los demás en lugar de dedicarla a tus propios problemas te puede ayudar.

«Dejar de concentrarnos en nosotros mismos parece saludable en varios sentidos», dice Alice G. Walton, periodista especializada en salud y ciencia que escribe para el *Atlantic* y *Forbes*. «Gran parte de la angustia mental, el estrés y la depresión están relacionados con la reflexión y los pensamientos autorreferenciales basados en las preocupaciones. Transferir el foco desde ti a otra persona podría ayudar a calmar la preocupación y la angustia sobre nuestra propia crisis del mismo modo que la meditación calma la actividad en los "centros del yo" del cerebro».

Walton tiene un doctorado en Biopsicología y Neurociencia del Comportamiento y su consejo tiene sentido cuando lo pones en práctica. Transferir esa energía del yo hacia fuera aporta perspectiva respecto a tu propia crisis; tus problemas podrían parecer pequeños en comparación con los de otras personas. **Quizás por eso el gurú Nanak hizo que el *seva* fuera la canción de los sijes.**

Esta epifanía no es única del sijismo. Vemos que se repite en varias religiones. En el budismo, la práctica de la meditación se prescribe para ablandar las murallas del ego y ser uno con el mundo circundante. Pero la meditación requiere una gran disciplina mental. Hay que calmar la mente, aprender a sentarse en silencio. Se tarda meses, incluso años en construir una práctica de sentarse en silencio durante treinta minutos. Por otra parte, Nanak dijo a sus discípulos que a través del *seva* encontrarían a Dios porque él quería convertirse en el acto diario que practican todos los sijes.

El *seva* es un bálsamo instantáneo orientado a la acción para nuestros problemas. Tiene sus raíces en el mundo real y abarca todos los tipos de tareas, desde preparar comida para desconocidos o recoger un paquete para un vecino hasta ayudar a recaudar fondos para una escuela local. No hay buenos ni malos trabajos en el *seva*. Te ensucias las manos y la acción es su propia cura.

Los *sakhis*, una tradición oral

Entonces, Nanak habló y los sijes lo siguieron. ¿De verdad fue tan sencillo? La mayoría de las religiones del mundo tienen valores humanos y bellos en su esencia y soluciones inteligentes a la infelicidad del hombre. ¿Qué hace que el sijismo sea tan efectivo para que sus adeptos pasen de pensar el bien a hacer el bien realmente?

Algunos expertos señalan el hecho de que el sijismo se originó hace solo 500 años y deducen que el mensaje de Nanak ha llegado a sus adeptos actuales sin demasiada filtración. Aunque esta idea tenga su mérito, tengo otra explicación para la facilidad con la que grandes números de sijes han adoptado el *seva* y lo han convertido en su modo de vida.

Pregunta a un amigo sij sobre las historias que oyeron de niños y es probable que te cuenten que oían siempre *sakhis* acerca de sus diez gurús. Estos relatos sencillos se basan en las vidas de los gurús y subrayan los sacrificios que hicieron por el sijismo.

Exhortan a los niños sijes a ser valientes, a tratar a todo el mundo igual, a creer en una divinidad en vez de en varias religiones y a poner su corazón y su alma en el *seva*. La tradición de narrativa oral en el sijismo es poderosa porque su moral está escondida dentro de la historia, haciendo que sea atractiva para los hijos y ayudándoles a absorber estas lecciones de forma inconsciente desde una edad temprana.

Los eruditos de la literatura infantil dan fe de que las historias que los niños oyen y leen en la primera infancia influyen fuertemente en su empatía y en los papeles culturales y de género que adoptan. Las historias ayudan a los hijos a desarrollar una perspectiva crítica sobre cómo participar en la acción social. Cuando se aprende algo de esta forma, se convierte en una creencia firme que puede impulsar todas las acciones de la vida.

Un *sakhi* famoso que habla del *seva* es el de Sacha Sauda, es decir, la historia de la verdadera ganga. Dice algo así. Preocupado por la falta de interés de Nanak por el trabajo profesional, su padre, Mehta Kalu, dio al chico veinte rupias para comprar cosas que pudieran vender con margen. De camino al centro del pueblo, Nanak cruzó un pueblo. Los que vivían allí se estaban muriendo de hambre y sed, además de estar enfermos. «Ningún negocio puede ser más rentable que dar comida y ropa a los necesitados. No puedo dejar este trato excelente», pensó Nanak y les llevó agua y comida. Al llegar a casa, su padre se enfadó con él, pero Nanak dijo tranquilamente que había encontrado un trato excelente (*sacha sauda*) haciendo el mejor uso del dinero. Aunque su padre lo pegó furioso, Nanak se mantuvo firme.

La ciencia de ser bueno

No solo los sijes han descubierto los secretos de prestar servicio a los demás. La ciencia tiene muchas pruebas de las ventajas del voluntariado y de dar. Aunque la idea de obtener algo de un servicio desinteresado suene contradictorio al principio, piensa en la última vez que diste un regalo significativo a un ser querido. Es probable que estuvieras emocionado mientras esperabas que lo abrieran y querías ver su reacción. La acción de dar ilumina el centro de recompensa del cerebro, conocido como «vía mesolímbica».

Eso, a su vez, libera endorfinas (las hormonas que luchan contra el dolor y el estrés) y conducen a lo que se denomina «subidón del que ayuda». Eso es exactamente lo que sintió mi yo de ocho años la primera vez que entré en el salón de *langar* con una cesta de pan. Tras mi torpeza inicial, empecé a disfrutar de verdad de repartir *rotis* a la *sangat* (congregación). Me envolvió un brillo cálido y sentí una fuerte conexión con las personas a las que servía, sin importar si eran sijes o no.

El Greater Good Centre de la Universidad de California en Berkeley ha realizado una investigación revolucionaria en las áreas de la compasión, la felicidad y el altruismo. Han publicado un libro blanco titulado *The Science of Generosity* (La ciencia de la generosidad) que responde algunas preguntas pertinentes acerca de comportamiento prosocial. Estos son los descubrimientos clave:

- En la Edad de Piedra, la generosidad nos ayudó a sobrevivir como especie. También se ve en algunos animales, como chimpancés, abejas, pájaros, ratas y murciélagos vampiro.
- Ser voluntario tiene un impacto tangible en la salud física; reduce la presión sanguínea y el riesgo de mortalidad. A nivel molecular, el comportamiento prosocial está relacionado con una reducción en la expresión de ciertos genes, lo que podría resultar en un riesgo menor de desarrollar enfermedades inflamatorias. La inflamación debida al estrés es la primera

causa de enfermedades crónicas del mundo hoy en día.

- De nuevo, si nos remontamos a la Edad de Piedra cuando las amenazas a la supervivencia eran enormes (desde animales salvajes y clima extremo), el aumento de la expresión de esos genes era útil para sobrevivir. En cambio, el estrés del mundo moderno como la ansiedad por el trabajo y las relaciones aunque sea menos peligroso, por desgracia, es constante. Esto provoca inflamación sin parar, lo que causa enfermedades crónicas a largo plazo.

• Hay cada vez más pruebas que relacionan ayudar a los demás con la felicidad personal. El hecho de dar activa la liberación de otras hormonas de la felicidad como la oxitocina, que ayuda a sentir afecto por las personas, dopamina, que se asocia con el placer, y serotonina, que mejora tu estado de ánimo.

- Se han realizado algunos experimentos fascinantes en esta área. Los estudiantes universitarios a los que se les pidió que ayudaran al prójimo a recoger cosas que se les habían caído en el campus declararon un aumento de su estado de ánimo positivo, mientras que los que no recibieron la solicitud de ayuda (ni se presentaron voluntarios para hacerlo) experimentaron una ligera reducción de su estado de ánimo positivo. En otro experimento, los participantes a los que se ordenó que realizaran actos de amabilidad para otros durante un período de seis semanas informaron de un aumento de las emociones positivas y una reducción de las negativas.

La generosidad es contagiosa: se propaga por redes sociales, lugares de culto y centros de trabajo. Hoy en día, los expertos en medicina preventiva sugieren que el servicio a la comunidad es tan importante para la salud de una persona como evitar el tabaco y la obesidad. Stephen Post, autor de *Why Good Things Happen to Good People,* escribe que ser generoso con los demás alivia síntomas y mejora la salud de personas con enfermedades crónicas como VIH y esclerosis múltiple.

La investigadora académica Khushbeen Kaur Sohi coescribió una investigación sobre el *seva* de los sijes, publicada en el *Journal of Religion and Health.* En el estudio, analizó el *seva* dentro de una comunidad sij de 165 miembros y descubrió que la participación frecuente en rituales como ese está correlacionada con un mayor bienestar social y también da a los sijes sentido de comunidad.

Formar parte de una comunidad nos ayuda a sobrevivir y prosperar porque una red fuerte nos ayuda a acceder a recursos y satisface necesidades emocionales. Un ejemplo simple: mi padre solo compra piezas de recambio del coche a tiendas de sijes. Por una parte, porque quiere darles ese negocio y, por la otra, porque confía más en ellos que en otros propietarios de negocios.

Pero, si tanto la generosidad como el voluntariado ofrecen esos enormes beneficios, ¿por qué no son actos que practique todo el mundo? Quizás porque esos descubrimientos van en contra de la creencia popular. Pensamos que solo queremos actuar en nuestro propio interés o en interés de nuestros seres queridos. Los participantes del estudio también predijeron que se sentirían más felices gastando dinero en ellos mismos. Pero resultó que se sintieron más felices al gastarlo en otra persona.

Se suele pensar que la naturaleza humana es que tenemos una codicia ilimitada. Pero, en realidad, podemos ser codiciosos en algunas situaciones y extremadamente generosos en otras. La naturaleza humana no es blanca y negra sino que incluye muchos matices grises. Podemos pasar de ser egoístas a ser altruistas y, a veces, ¡incluso ser los dos a la vez!

Los sijes simplemente eligen que el altruismo sea una gran parte de su vida, inspirados por las palabras y las acciones de sus gurús. Más adelante en este libro, te pediré que pienses en valores como los músculos que tenemos que reforzar con ejercicio regular. Para la mayoría de nosotros, los sijes, ¡este músculo en concreto está muy desarrollado!

El servicio altruista puede cambiarte la vida

Antes de explicarte cómo hacer *seva*, quiero ponerlo en el contexto contemporáneo. Para ser una comunidad de

30 millones de personas, los sijes han tenido un impacto enorme en todo el mundo a través de sus actos de *seva*. Los *gurdwaras* de todo el planeta sirven a millones de personas comidas gratuitas todos los días, pero este trabajo fue crucial sobre todo durante la pandemia de Covid-19. Tal y como mencioné anteriormente, Baba Karnail Singh Khaira dio de comer a más de dos millones de trabajadores migrantes que se quedaron bloqueados en una autopista de Maharashtra durante los tres primeros meses de confinamiento de la nación. La ONG United Sikhs se ganó el corazón del público al higienizar la Jama Masjid para la salud y la seguridad de sus conserjes antes del Eid de 2020. En mi investigación para escribir este libro, descubrí que hubo sijes que organizaron camionetas de comida *seva* y comedores de beneficencia comunitarios en todos los rincones del mundo. Incluso se hicieron más innovadores durante el confinamiento y empezaron *langars* a través de *drive-throughs* y entregas a domicilio.

El Sikh Centre of New York sirvió 145.000 comidas gratis en las diez primeras semanas de la pandemia y también apoyó las protestas contra el asesinato de George Floyd sirviendo *langar* a las multitudes que se manifestaban. La Khalsa Care Foundation of Los Angeles repartió 700 cajas de pasta a los manifestantes de Black Lives Matter en el Pan Pacific Park de Los Ángeles.

Una infame entrevista de la BBC al chef con estrella Michelin Vikas Khanna en 2020 hizo que el mundo se fijara en la tradición de *langar*. Khanna creció en Amritsar, el sitio sij más importante del mundo, Harmandir Sahib, o Templo Dorado. Un presentador de la BBC le preguntó: «Usted ha cocinado para los Obama, ha estado en un programa de TV con Gordon Ramsay. Pero no siempre fue así, ¿verdad? Usted no procede de una familia rica. Me atrevería a decir que usted comprende lo precario que puede ser en la India». «Lo entiendo, pero mi sentido del hambre no procede de la India, de hecho, porque nací y crecí en Amritsar», contestó Khanna. «Tenemos una cocina comunitaria enorme, donde come todo el mundo. Toda la ciudad puede comer allí. Mi sentido del hambre procede de Nueva York de cuando lo pasaba mal allí cuando no tenía nada».

La potente respuesta de Khanna dicha con humildad y tranquilidad puede que incomodara al presentador, pero hizo que muchos indios (sijes o no) se sintieran extremadamente orgullosos. Aunque aparentemente el *seva* sea algo «atractivo» en la actualidad (incluso hay un programa de TV que lo tiene como tema central), recuerda que hace 500 años que los sijes lo convirtieron en parte de su vida modestamente. Aquí tienes cinco formas de hacer que el servicio altruista sea una parte más grande de tu vida:

Empieza por algo pequeño: Para ganar tiempo para *seva* entre el trabajo, los niños, la vida social y los recados, tienes que empezar por algo pequeño. No es necesario entrar en un *gurdwara* para hacer *seva*. Basta con cambiar de mentalidad. En vez de decir: «Quiero ser voluntario», di

«Soy voluntario». Plantéate un reto para hacer un pequeño acto de amabilidad todos los días durante una semana,
incluso si es en tu propia casa. Sigue durante un mes si
disfrutas del servicio altruista, por ejemplo:

Lunes: Donar libros, ropa o juguetes.

Martes: Limpiar un armario para tu madre o
padre.

Miércoles: Ayudar a un amigo o familiar cuidan-
do a sus hijos pequeños para que esa persona
tenga un poco de tiempo libre.

Jueves: Hacer un recado o arreglar un aparato
doméstico para una persona mayor.

Viernes: Dejar que un desconocido se quede con
tu taxi o ayudar a alguien con las bolsas de la
compra.

Sábado: Enseñar a tu sobrina una habilidad nueva
como usar el ordenador o abrir una cuenta
bancaria.

Domingo: Preparar un pastel para un vecino.

Siente orgullo al ser voluntario: Los sijes no presumen
del *seva* que hacen, pero es una parte importante de su
identidad, y están muy orgullosos de lo que su comunidad consigue en general. «Cuanto más te enorgullezcas

de un aspecto concreto de tu identidad, más motivado estarás para mantener los hábitos asociados con dicho aspecto», escribe James Clear en *Hábitos atómicos: Un método sencillo y comprobado para desarrollar buenos hábitos y eliminar los malos.* Los sijes son el ejemplo perfecto porque usan el orgullo que sienten por el *seva* para alcanzar cimas más elevadas aún del servicio a la comunidad y operaciones de socorro en caso de desastre. Enorgullécete de ser voluntario y querrás seguir siéndolo.

Disfruta de hacerlo: Una táctica efectiva es relacionar el *seva* con otro ritual o acontecimiento o experiencia que te guste. Normalmente, los sijes visitan el *gurdwara* los domingos y los días de *gurpurab* (los cumpleaños de los gurús). Pasan los días y las semanas de antes de esos días preparando *langar* para servir a todo el mundo. El hecho de comer comida reconfortante juntos durante la comida dominical o durante las celebraciones crea fuertes vínculos entre la comunidad.

Encuentra tu propia versión de *seva.* Conozco a una pareja muy interesada en el medio ambiente que organizó la limpieza de una playa para celebrar un cumpleaños. Incluso contrataron a un DJ para hacer que fuera divertida. Un compañero de universidad mío combinaba sus vacaciones con actividades de voluntariado como construir casas para aldeanos de países remotos. En vez de poner excusas, haz el esfuerzo.

¿No puedes salir de casa durante una pandemia? Be My Eyes es una *app* que conecta a personas con discapacidad visual con una comunidad de voluntarios que les ayudan a realizar tareas cotidianas prestándoles su propia visión. No tiene nada que ver con los sijes, pero es un servicio totalmente *seva*.

Dona: Después, se plantea la duda de si donar el importe de un cheque tiene el mismo impacto que realizar físicamente el servicio. La tradición del *seva* empezó en el siglo XVI, con el *langar* servido en el primer centro sij de Nanak en Kartarpur (actual Pakistán). Sus discípulos labraban los campos para ganarse la vida y donaban cereales para el *langar* y también tiempo y esfuerzo para hacer una comida sana que estaba abierta a cualquier persona que quisiera sentarse en el suelo y tomarla. Siguiendo su ejemplo, los sijes de hoy en día no eligen entre ambas cosas (hacen *seva* y también donaciones monetarias regulares a sus *gurdwaras*).

Pero no puedo negar que, sin duda, **hay algo poderoso al trabajar con las manos. Habla con hilanderos de chales de *pashmina* de Cachemira o productores de brochas de maquillaje de Japón, que comparan el trabajo laborioso que hacen con una meditación tranquila.** Incluso el movimiento contemporáneo de autocuidado alardea de los beneficios terapéuticos de las manos ocupadas. Mientras los problemas de salud mental se apoderaban del mundo durante la pandemia de Covid-19, mi cuenta de Instagram explotaba con imágenes de libros para colorear para adultos, interminables pasteles de plátano recién horneados y mamás planta cultivando cosas en ventanas de cocinas y balcones de apartamentos. Por eso, para tener una verdadera paz mental, encuentra una forma de hacer un servicio físico.

Di a luz a un bebé en plena pandemia y sufrí ansiedad postparto. Una semana especialmente mala, me pasé horas llorando por mis problemas con la lactancia, tuve peleas muy reñidas con mi marido y sufrí cambios del estado de ánimo y emocionales intensos. No poder quedar con mis amigas no ayudaba.

Al final, acabé haciendo una cazuela gigante de *biryani* y la repartí con dos personas de mi trabajo que vivían lejos de sus familias durante el confinamiento. ¿Esta conexión disipó mi ansiedad del todo? No, pero me aportó algo de tranquilidad y mejoró mi estado de ánimo para el resto del día. No puedo explicar exactamente mi propia motivación para mostrar a otros amabilidad mientras yo estaba tocando fondo. Pero lo que sé es que mi yo de ocho años sonríe con complicidad.

Regla número 2:
Acepta la alegría

La primera película de la actriz sij india Nimrat Kaur *Lunchbox*, que protagonizó junto a Irrfan Khan, la convirtió en el centro de atención de los medios al instante. Un año después, fue seleccionada para la serie de TV estadounidense *Homeland*, y le cambió la vida. Desde entonces, esta *sardarni*, que creció en una sencilla casa sij, ha viajado por todo el mundo para rodajes, ha presentado entregas de premios, ha aparecido en portadas de revistas y ha vivido la típica vida de una famosa.

Cuando me puse en contacto con ella para entrevistarla al principio de escribir este libro, no estaba segura de dónde encajaría. Pocos saben que Kaur perdió a su padre cuando solo tenía once años. Era oficial del ejército y estaba destinado en Cachemira en el punto álgido los años del terrorismo y dio su vida por nuestro país. Nimrat hablaba de su padre con tanta elegancia y de su vida como actriz con tanta franqueza que tengo que admitir que me cautivó al instante. Posteriormente, no dejé de pensar en su historia, la pérdida de un padre y de cómo triunfó esta actriz en Bollywood.

«Nimrat, ¿qué haces para encontrar alegría todos los días?», le pregunté. «Bueno, intento estar cerca de la naturaleza siempre que puedo», contestó. «Durante el confinamiento, me he estado despertando temprano para ver el amanecer y, al atardecer, voy a correr junto al mar. Si tengo un día malo, correr al lado del océano enseguida me cambia el estado de ánimo. Cocinar también me ayuda mucho a estar contenta, sobre todo si cocino para mis seres queridos o incluso simplemente para mis vecinos».

Siguió diciendo: «Limpiar es inmensamente terapéutico para mí, y me encanta reorganizar armarios de objetos y de ropa desde que era niña. Rezar y meditar todos los días también es algo que hago independientemente de lo cansada u ocupada que esté. A veces, me pongo mi música preferida y bailo e incluso canto. Vivo sola, así que tengo la libertad de poner los altavoces a todo volumen sin molestar a nadie».

Eran las dos de la madrugada cuando oí su respuesta y casi me caí de la cama. ¿Ella hacía todo eso a diario para encontrar la alegría de la vida? ¡Quizás fuera ella la que debía escribir este libro y no yo! Pero mientras reflexionaba sobre lo que me había dicho, recordé a muchos sijes similares de mi propia vida.

A mi madre le encanta aprenderse canciones tradicionales pícaras para cantarlas en las bodas. Mi tía come con tantas ganas que me da hambre solo de mirarla. Prácticamente todos los hombres de mi vida (padre, hermano, marido) se pasan los fines de semana y las vacaciones tomando una copa, riéndose y hablando. Mi amiga cineasta Karishma Kohli usa la música para llenarse el alma: canta y baila para inundar su vida de alegría, curación y concentración.

Normalmente, los sijes dan la impresión de ser personas que viven a lo grande, pero esta idea implica algo más que disfrutar de *bhangra* y pollo a la mantequilla. **En el capítulo anterior, hablé sobre hacer el bien para los demás. En este, voy a ensalzar las virtudes de que te diviertas tú.** Puede parecer raro, pero la fe sij no ve ninguna contradicción entre ambas cosas. Es precisamente esta alegría la que impulsa a la naturaleza sij a hacer el bien. Cuando eres capaz de disfrutar de las grandes alegrías de la vida, pero también de las pequeñas, tu corazón da cabida a extender esta suerte a los demás. Al aceptar la alegría en su propia vida, los sijes pueden convertir incluso el servicio en una celebración.

Miri piri: un dulce equilibrio

La mayoría de las religiones del mundo prohíben o limitan el consumo de ciertas comidas, incluyen algún tipo de ayuno, exigen que los sacerdotes sean célibes y algunas incluso consideran que la música es frívola o dañina para el espíritu.

En cambio, el sijismo no considera que nada de lo anterior sea pecado ni glorifica el hecho de renunciar a ello. Fomenta que los discípulos disfruten de banquetes exquisitos, música alegre, bailes animados y afecto físico. Los *gurdwaras* dan comida a decenas de personas de todas las fes todos los días, la música es una parte integral del libro sagrado, el Gurú Granth Sahib, y los *granthis* (sacerdotes) sijes viven en los *gurdwaras* con sus esposas e hijos.

Hay una marcada ausencia de culpa respecto a las elecciones que se hacen en cuanto al estilo de vida. No intento sugerir que el sijismo no tenga reglas, sino que no tienes que ofrecer flores ni cubrirte las piernas ni confesar tus pecados para ser considerado un buen sij. Incluso nuestro bautismo, el *amrit chhakna*, es una práctica opcional. Esta filosofía poco común se remonta a los diez gurús sijes.

El gurú Nanak creció en una época en la que el camino espiritual estaba estrechamente entrelazado con el ascetismo. Renunciar a los vínculos familiares para ir a vivir a las montañas y lograr la iluminación se consideraba admirable. Nanak vio a muchos yoguis para intentar comprender su perspectiva, pero, con el tiempo, criticó las elecciones que hacían. «¿Qué hacéis allí solos en las montañas cuando hay tanto sufrimiento entre las personas en las llanuras?», preguntó.

Él tenía la visión opuesta. Nanak quería que la gente viviera en el mundo y con el mundo. Así que enseñó a la gente a incorporar la amabilidad, la igualdad y el trabajo duro en la vida diaria y confirió una importancia enorme al papel del cabeza de familia. Utilizó un símil básico de la naturaleza para explicárselo a sus adeptos. Vive en el mundo, pero permanece impasible ante él, igual que una flor de loto crece en aguas cenagosas, pero se eleva por encima de estas aguas con su belleza.

Posteriormente, el sexto gurú sij, Hargobind, acuñó el concepto *miri piri*, que hace referencia a dar importancia a dos aspectos de la vida: el material (*miri*, del árabe amir, que significa acaudalado) y el espiritual (*piri*, del persa *pir*, santo). Cuando se convirtió en gurú de la fe sij a los once años, pidió dos *kirpans* (espadas). Una simbolizaba el *miri* y la otra, el *piri*. Ya de niño, el gurú Hargobind sabía que aquel dulce equilibrio era el secreto de vivir una vida plena.

Por lo tanto, resulta que **los sijes prácticamente tienen permiso de sus gurús para disfrutar la vida, aunque con un fuerte elemento espiritual**. Se les da bien incorporar el placer y la paz en la vida, disfrutar de comida deliciosa, reírse con facilidad y cantar y bailar con entusiasmo.

Comparación entre la felicidad eudaimónica y la hedonista

El sijismo nos dice que comamos, bebamos y nos divirtamos, pero eso no significa que uno se pueda emborrachar cada noche y participar en orgías. De hecho, la religión desaprueba cualquier tipo de extremo, sobre todo los impulsados por placeres irracionales. Busca el *hashtag* #yolo (de «you only live once», solo se vive una vez) en redes sociales y descubrirás vídeos de personas lanzando bocadillos de jamón a la otra punta del dormitorio y gastando bromas pesadas después de emborracharse. Estas experiencias YOLO son exactamente lo que no engloba la idea de abrazar la alegría de acuerdo con el sijismo.

Los psicólogos te dirán que hay dos tipos de felicidad. El subidón de dopamina que acompaña a cosas como el número de «me gusta» de un *post* de Instagram, una compra *online* o un cumplido dura poco: acaba cuando el estímulo se extingue. Ese subidón, creado por estímulos externos, se conoce como «felicidad hedonista» y a veces toma un giro desagradable, como la adicción al teléfono móvil o el poco amor propio. El polo opuesto es la felicidad eudaimónica, que procede de experiencias con sentido y objetivo como hacer *seva*, aprender una habilidad nueva o pasar tiempo de calidad con tu familia.

¿Significa esto que tenemos que renunciar a los placeres materiales como las vacaciones de lujo, la comida exótica y nuestras marcas favoritas para ser felices de una forma adecuada? No según el sijismo. Sencillamente, tienes que equilibrar el *miri* con algo de *piri*.

Hay *sardars* y *sardarnis* que conducen coches grandes, llevan ropa ostentosa y se dan caprichos de comida y bebida. Sin embargo, también pasan tiempo cada mes, semana o incluso cada día haciendo *seva*. **El Gurú Granth Sahib habla extensamente de que la vida es una oportunidad llena de potencial («Este es el momento, ahora te toca a ti»)** y avisa de que perdérsela saldrá muy caro. Además de seguir los postulados del gurú Nanak, los hombres y mujeres sijes utilizan este potencial viviendo cada día como si fuera el último de formas grandes y pequeñas.

De nuevo, la ciencia reafirma esta filosofía y dice que, para que un ser humano florezca realmente, necesita ambos tipos de felicidad en su vida. El psicólogo Luke Wayne Henderson y otros autores publicaron un trabajo sobre este tema en el *Journal of Positive Psychology*.

Sus descubrimientos muestran que los comportamientos eudaimónicos nos ayudan a encontrar el significado y el propósito de la vida. Sin embargo, los comportamientos hedonistas también pueden ser beneficiosos ya que conducen a más emociones positivas, reducen el estrés y la depresión y, en general, hacen que la gente esté más satisfecha en la vida. Este pensamiento ha sido compartido por filósofos a lo largo de los siglos; según la jerarquía de necesidades de Maslow, solo podemos lograr la autorrealización cuando estén cubiertas tanto nuestras necesidades materiales como psicológicas.

¿Por qué la idea de abrazar la alegría es revolucionaria? Disfrutar de la vida puede parecer un concepto básico, pero a algunas personas les resulta difícil. ¿Hay alguien en tu vida capaz de reírse fácilmente y reivindicar la alegría? ¿Y se te ocurre alguien que sea lo opuesto, alguien que tenga miedo a experimentar las alegrías de la vida por miedo al futuro y a las opiniones de otras personas?

«Una de las grandes razones por la que la gente no vive plenamente es la profunda necesidad de proteger la propia imagen que tienen de sí mismos», afirma el *coach* de vida Milind Jadhav desde Mumbai. «Procede de una necesidad de quedar bien continuamente ante otras personas y evitar quedar mal. El miedo a ser juzgado impide a la gente decir lo que quieren decir y hacer lo que quieren hacer de verdad. Con "gente" me refiero predominantemente a adultos. Los niños por debajo de cierta edad son todo lo contrario y se expresan plenamente. No les importa lo que piensen los demás de ellos. Y, a diferencia de los adultos, viven cada día al máximo. La mayoría de nosotros, sencillamente, no lo hacemos».

Encuentra tu alegría diaria

¿Cómo se puede abordar esto? Para quienes cuenten con recursos y privilegios, es fácil reservar un viaje, tener invitados a cenar o invertir en una afición. Pero no todos podemos permitirnos esas cosas, y verlas sin parar mientras nos desplazamos por el *feed* de Instagram puede hacer que incluso los mejores se cuestionen su valía. Nuestros cuerpos no parecen de la talla adecuada, no tenemos un grupo de amigos casi famosos y no nos invitan a las preinauguraciones de los restaurantes. Buscar la felicidad en las cosas grandes a veces puede tener el resultado opuesto, es decir, producir infelicidad.

Una estrategia más inteligente para lograr dicha felicidad sería incorporarla en tu vida diaria. Ser feliz si uno va a un destino exótico de vacaciones es pan comido. Encontrar la felicidad en tu rutina normal sí que es realmente revolucionario. El escritor de TV estadounidense Andy Rooney (conocido por su ingenioso segmento del programa de noticias de la CBS *60 Minutes*) lo ha explicado con bastante acierto: «La mayor parte de la vida, no pasa nada maravilloso. Si no disfrutas de levantarte y trabajar y acabar la jornada y sentarte a cenar con la familia o los amigos, es probable que no vayas a ser muy feliz. Si alguien basa su felicidad en acontecimientos importantes como un trabajo fantástico, grandes cantidades de dinero, un matrimonio feliz y perfecto o un viaje a París, esa persona no va a ser feliz mucho tiempo. En cambio, si la felicidad depende de un buen desayuno, flores en el jardín, una copa o una siesta, es más probable que viva con bastante felicidad».

Por eso me quedé anonadada con la respuesta que me dio Nimrat a mi pregunta sobre cómo encontrar la felicidad. Ella se relacionaba con famosos en la alfombra roja y volaba a rodajes en lugares exóticos, pero también disfrutaba de acciones sencillas como cocinar, limpiar y bailar cuando nadie la miraba. Solo cuando eres feliz por dentro buscarás formas de hacer que otras personas también lo sean.

Los sijes saben que para experimentar felicidad todos los días hay que vivir el momento y hacerlo de forma consciente. **A menudo, nos preocupamos, trabajamos, planificamos el futuro, pero, cuando ese futuro llega, empezamos a trabajar, a preocuparnos o a soñar con otro**

futuro. Yo misma soy culpable de hacer esto, pero he podido superar esta tendencia durante el último año. Así es cómo he encontrado mi alegría diaria.

Mi marido y yo elegimos no tener niños durante los primeros ocho años de nuestro matrimonio principalmente porque estábamos disfrutando demasiado de nuestra vida juntos para verla interrumpida. Mientras muchos de nuestros amigos estaban siempre liados cambiando pañales, nosotros nos pasamos aquellos años celebrando fiestas en casa y viajando por el mundo. Mientras se pasa de unas vacaciones a otras y se extrae felicidad del número de «me gusta» de un *post* de Instagram, es fácil cruzar la línea de la felicidad eudaimónica a la hedonista.

Al cabo de ocho años, me quedé embarazada y, justo entonces, nos azotó la pandemia. Entre luchar contra la enfermedad en casa, tomar precauciones para que el parto fuera seguro y el cuidado concienzudo de un recién nacido, empecé a experimentar ansiedad con frecuencia. Me quedé sin apetito, y perdí 14 kilos debido a la depresión postparto y por no poder ver a mis seres queridos. A falta de vacaciones con amigos y comidas elegantes con la familia, tuve que encontrar alegría en lugares más sencillos.

En ese momento, recurrí a cocinar y a la comida para encontrar mi alegría diaria. Sin embargo, esa vez, en lugar de ir a restaurantes, opté por usar ingredientes frescos para nutrirme durante el embarazo y el postparto. Mi madre me envió una gran lata de *panjiri*, un *halwa* seco lleno de ingredientes buenos específicamente para las nuevas madres en la tradición sij. Empecé a compartir mi alegría por la buena comida enviando cajas de *tiffin* a mis amistades. Era la alegría de recrear y degustar los sabores de mi abuela lo que me impulsó a entregar cajas de *biryani* a mis compañeros de trabajo durante la pandemia.

Lo más importante es que dejé a un lado el móvil y me pasé horas mimando a mi bebé, pese a tener problemas con la lactancia. En vez de quejarme por no tener vacaciones, vi fotos de las vacaciones que había hecho con Aditya todos aquellos años y expresé gratitud. Ver a mi hijo de cinco meses tocar el césped de la casa de unos amigos por primera vez fue mágico. Volví tranquilamente al equilibrio de *miri piri*, y, desde entonces, las alegrías diarias forman parte de mi nueva vida. En el apartado siguiente, sugiero formas de encontrar tu alegría diaria con medios similares.

Cocina y come con tus seres queridos a menudo

¿Cuándo fue la última vez que os sentasteis toda la familia a comer juntos? Antes, el hecho de comer juntos era el elemento central de la vida familiar, pero hoy en día las familias tienen demasiadas cosas por atender. En muchos casos, tanto el padre como la madre trabajan y se ocupan de la casa, y los hijos están apuntados a varias actividades extraescolares o se quedan encerrados en su habitación. La adicción al móvil está disparada y, además, Netflix nos engatusa desde la mesa de comer hasta la pantalla del televisor con un contenido fascinante. Hay estudios que señalan que la gente come cada vez más en el sofá y en la cama y las encuestas muestran que los hijos y los padres comen juntos cada vez menos que antes.

Podemos utilizar esta ciencia para hacer pequeños ajustes en nuestra vida. Al hacerlos todos los días, estas cosas diminutas provocarán unos cambios enormes para nosotros. Por ejemplo, el antropólogo británico R.I.M. Dunbar ha confirmado con su investigación que las personas que comen con los amigos y la familia se sienten más felices y están más satisfechos con la vida. Están más comprometidos con las comunidades locales y tienen amigos de verdad a los que pueden recurrir cuando necesitan su apoyo. La comida que más suele acercar a las personas es la cena porque tiende a haber más personas, más risas y más recuerdos y, en ocasiones, más alcohol.

La comida en comunidad es lo que ha hecho que el sijismo sea tan popular hoy en día. Los sijes vuelven a casa de sus procesiones religiosas de madrugada (conocidas como *prabhatpheris), gurpurab langars* y peregrinaciones entusiasmados con sus experiencias espirituales, pero también con la leche cremosa de *badaam*, las samosas crujientes y el fuerte y picante *chhole bhature* (deliciosos batidos y tentempiés punyabíes) que consumen en estos actos. Comer juntos y disfrutar de la comida es una fuente de alegría igual que lo es ayudar a prepararla. Los hombres y mujeres sijes a menudo dedican tiempo, esfuerzo y recursos a preparar comida para toda la comunidad y también para desconocidos. Incluso los *gourmands* sijes más entendidos hablan entusiasmados sobre *langar-wali dal, gobhi* y *kheer* (sopa de lentejas, coliflor y arroz con leche caseros). ¿Es solo el sabor de la comida o la alegría de la preparación comunitarias de la comida y el hecho de comérsela lo que impregna la experiencia?

¿Cómo puedes incorporar este valor de cocinar, comer y disfrutar de la alegría de la comida a tu vida diaria?

- La regla de no permitir móviles durante la cena familiar es bastante efectiva. Obliga a que todo el mundo se relacione entre sí y hable de cómo le ha ido el día. Puedes mantener cierta flexibilidad; por ejemplo, los fines de semana, todo el mundo puede hacer otros planes y tu cónyuge y tú podéis tener una noche de cita sin niños para reconectar.
- Si tus hijos se quejan de la nueva regla, haz que participen en la preparación de la comida, yendo a buscar los ingredientes o poniendo la mesa. Todos os sentiréis conectados con lo que produzcáis y también los unos con los otros y tendréis recuerdos para toda la vida. Yo he estado enseñando a mi bebé cómo se hace nuestra comida desde que él tenía seis meses y ahora le encanta ver el proceso.
- La fruta y la verdura de temporada son un regalo maravilloso de la naturaleza que hemos dejado a un lado por la atracción de ingredientes exóticos que

importamos a un gran coste para nuestra cartera y para el planeta. Apasiónate por los productos de temporada y contagia esta alegría a tus familiares y amigos. Haz escabeches con tus seres queridos; pela guisantes en invierno para disfrutar de *mattar-wale chaval* (un plato de arroz y guisantes) o haz batidos de mango para combatir el calor en verano. Pide a las personas mayores de tu familia consejos y trucos. Estarán encantados de compartir su sabiduría.

- Recuerda siempre que con quién comes es más importante que dónde o qué comes. Intenta hacer planes inclusivos que sean cómodos para todos los miembros de tu grupo de amigos (con distintas situaciones financieras y familiares). Los platos exóticos, los marcos lujosos y las botellas de vino excepcionales no son tan importantes como reír con tus seres queridos y divertirles con historias. Una forma fácil de hacer esto es empezar un club semanal o mensual con amigos en el que cada uno lleva algo de comer y así todos disfrutáis de delicias caseras y podéis intercambiar recetas que son reliquias familiares.

Haz que la música forme parte de tu rutina

¿Sabías que la música tiene poder para curar? Varios estudios llevados a cabo por neurocientíficos y psicólogos cognitivos señalan el poder curativo y catártico de la música y su capacidad para liberar dopamina en el cerebro humano. Ayuda a reducir el estrés y los niveles de ansiedad, favorece la relajación y ayuda a dormir mejor. También se está utilizando la música clínicamente para gestionar el dolor causado por enfermedades crónicas como cáncer y ondas de choque acústicas para tratar la disfunción eréctil. La curación con sonido está aflorando en resorts de bienestar punteros de todo el mundo desde el Standard Spa Miami al resort Dwarika de Dhulikhel (Nepal). Nunca olvidaré cómo agucé el oído en medio de un masaje en un viaje de prensa a las Maldivas para darme cuenta justo después de que la música que sonaba en los altavoces era de kundalini yoga (que incorpora *kirtans* sij). Los cuencos de canto budista y las cámaras de terapia de eco y sonido forman parte de esta tendencia del bienestar.

Por lo visto, los gurús sijes compartieron su secreto pronto. Aunque otras religiones también tengan coros y *bhajans*, el uso de poesía, música, ritmo y métrica es fundamental para la tradición sij. **Se dice que el gurú Nanak llegó al corazón de las personas cantando. Las pinturas antiguas del gurú lo representan con su compañero musulmán, Bhai Mardana, tocando el *rabab*, una versión temprana del sitar.**

Como la oración musical es fácil de memorizar y crea una conexión emocional fuerte con el oyente, los gurús sijes optan por escribir sus enseñanzas como poesías y canciones (en lugar de hacerlo en prosa). El libro sagrado sij es esencialmente una compilación de estas canciones. La música ha fluido desde los *kirtans* y *shabads* religiosos (himnos y cánticos) hasta al animado género *bhangra*, que se ha hecho popular no solo en las bodas indias sino también en las discotecas de Nueva York y Berlín.

«Había un *gurdwara* justo detrás de nuestra casa de Delhi y de niños nos despertábamos siempre oyendo el sonido del *kirtan* todas las mañanas», afirma la música Harshdeep Kaur, «poco a poco, se convirtió en parte de nuestro subconsciente y nos ayudó a arrancar el día mirando el lado positivo. Para mí, la música religiosa de Gurbani no trata solo de sijismo, sino que es una experiencia espiritual que ayuda a reforzar mi conexión con el Todopoderoso. Cantar y escuchar a Gurbani me da paz, valor y fortaleza constantes. Cuando uno se sumerge en la magia de *shabad kirtan*, uno automáticamente siente gratitud y humildad. Aporta un inconfundible sentido de la tranquilidad y el equilibrio a la vida».

Por suerte, no es necesario ir a un balneario de lujo para sentir los beneficios curativos de la música. Prueba estas seis formas de incorporar el sonido a tu vida diaria:

- En lugar de esperar para poner música cuando estás con amigos, haz que forme parte de tu rutina diaria. Bebe el café matutino mientras suena de fondo la banda sonora de tu película favorita o relájate por la noche escuchando *soft jazz*. Mi amiga cineasta Karishma creció haciendo los ejercicios de matemáticas con música puesta y ahora empieza el día con música instrumental o electrónica mientras se prepara. «Escucho música sin letra por la mañana porque me ayuda a pensar y a visualizar lo que tengo que hacer ese día».

- Canta con tus hijos para darles el regalo de la alegría de la música. Escribe canciones simpáticas sobre sus personalidades. Tengo una lista de reproducción para Azad y la pongo cuando está inquieto durante los cambios de pañal, y siempre le calma. Si no tienes hijos, canta en la ducha para ti mismo. Aunque desafines, te levantará el ánimo.

- Crea una lista de reproducción a la que puedas recurrir en momentos aburridos como cuando esperas en una cola en el banco o en el trayecto hasta el trabajo. Mi mentora Divia Thani (que no es sij, pero cree profundamente en las enseñanzas del gurú Nanak) pone *hip-hop* francés para que sus duchas sean refrescantes física y mentalmente.

- Ve a un concierto en vivo para sentir una conexión más fuerte con los músicos.

- Aprende a tocar un instrumento si te apetece. Aunque nunca llegues al nivel para dar conciertos, te proporcionará horas y horas de placer.

- Prueba la terapia musical para una salud mental mejor. Humm.ly es una *app* que combina prácticas de *mindfulness* con música. También hay terapeutas musicales formados que suelen trabajar con personas que sufren autismo o dolor causado por enfermedades crónicas, por ejemplo.

Despídete de la culpa

Si la comida y la música no son lo tuyo, no pasa nada. Encuentra algo diario que te parezca atractivo. ¿Una afición nueva como la jardinería o el origami? ¿Ponerte en forma con campamentos intensivos o quitarte el estrés bailando? ¿Tomar una copa de vino para relajarte de noche? Encontrar tu alegría diaria te ayudará a experimentar felicidad eudaimónica sea cual sea tu saldo bancario, tu fase vital o incluso las circunstancias del mundo. Es una habilidad inestimable para la vida.

Una conversación sobre experimentar placer está incompleta sin reconocer que muchos placeres materiales como el sexo, el alcohol y la comida invitan la desaprobación de la sociedad. Muchos de nuestros placeres modernos están empañados por la culpa y la vergüenza. Incluso la culpa moderada puede impedirte aceptar los placeres de la vida. Un estudio realizado en estudiantes universitarios lo corrobora. A los que hicieron sentir solo un poco de culpa y después pudieron elegir regalos gratis a cambio de su participación escogieron material escolar de una serie de productos. Lo interesante es que los que no experimentaron culpa eligieron DVD de películas y descargas de música. La culpa puede tener un gran papel a la hora de obstaculizar nuestra alegría diaria.

Sin embargo, hay otra forma de verlo. ¿Acaso desear cosas no es la esencia misma de ser humano? Es la motivación intrínseca de continuar con nuestra rutina de comer-trabajar-dormir. Solo cuando algunas partes de la vida son gratificantes querremos continuar con nuestras tareas cotidianas. ¿Quién quiere trabajar siempre y no divertirse nunca? Nadie. El quid de la cuestión es el equilibrio. Podemos hacer ejercicio todos los días y desear que lleguen los días en los que nos lo saltamos. Podemos ser empleados diligentes y disfrutar de relajarnos durante las vacaciones. Podemos cuidar a nuestros seres queridos y también querer que celebren nuestros propios cumpleaños. Es el *miri piri* de la vida contemporánea.

¿Alguna vez te has preguntado por qué ver a alguien (incluso un desconocido) bailar con abandono, deleitarse con la comida o reírse sin control es una visión atractiva que te alegra el corazón? Por suerte para los sijes, sus gurús les dieron permiso para disfrutar de los placeres sencillos de la vida porque sabían que la alegría engendra alegría. Por eso, consideran que la vida es una bendición que hay que disfrutar, no algo de lo que abstenerse. **Consideran que el *seva* es una celebración, no un trabajo.**

¿Es lo que necesitas? Entonces, coge un pósit y escribe esta autorización para ti mismo: **Experimentar alegría es un privilegio pequeño pero potente de mi tiempo en la**

tierra. Ahora, pon el pósit en algún sitio que veas todos los días.

«La clave para experimentar los placeres sencillos de la vida es vivir como un niño pequeño», dice el *coach* de vida Jadhav. «No siempre resulta fácil con nuestra apretada agenda de vida adulta, pero tenemos que hacer un esfuerzo para reducir la marcha y simplemente ser. La forma en la que los niños experimentan los pequeños momentos de felicidad completa es el verdadero sentido de la vida».

Piensa en cómo los niños se expresan tan libremente y cómo disfrutan fácilmente de cosas normales porque todavía no han aprendido qué es la culpa. Algo tan sencillo como hacer burbujas soplando u oler flores les puede parecer algo mágico. Solo cuando crecemos las opiniones nos empiezan a afectar y confundimos los gustos caros con la verdadera felicidad. Quizás todos tengamos que desaprender nuestro condicionamiento y reconectar con nuestro niño interior. Disfrutemos de las pequeñas cosas como comernos un mango o abrazar a nuestros padres. Al fin y al cabo, la vida es un festín. ¡Vamos a comer!

Regla número 3:
Sé valiente

Empecé a tener pesadillas a los cinco años. Me despertaba asustada en mitad de la noche y me imaginaba que había una figura con capucha a los pies de mi cama. Mi *nani* ayudó a criarnos a mi hermano y a mí. Cada vez que ella me arropaba, yo me aferraba a mi abuela y le decía que me daban miedo los fantasmas, los monstruos y los extraterrestres. Ella me decía que apretara el *kada* (un brazalete sij de hierro que nos recuerda la fuerza interior de nuestro Dios) y decía: «Tú eres fuerte porque Waheguruji está dentro de ti. Agarra el *kada* y duérmete sin miedo. Nada te puede hacer daño cuando el mismo Dios está dentro de ti».

Aquel ritual pequeño pero importante me convirtió en la persona que soy hoy en día. Yo era una niña tímida y reservada, así que el mensaje de llevar la fuerza de la divinidad dentro de mí me ayudó mucho a ser valiente, tanto por mí como por los demás.

Ser valiente me ha ayudado a vivir con sentido e integridad. En mi primer mes de universidad, me enteré de que estaban presionando a una persona tímida que era mi amiga para que se uniera a una organización religiosa. Pese a no ser yo la coaccionada, me enfrenté a esas personas y les pedí que dejaran de intentar imponer sus ideas religiosas.

De joven, trabajaba para una agencia de marketing digital ubicada en una callejuela aislada y poco iluminada de Mumbai. La empresa, en general, no destacaba por su generosidad, pero yo pensaba que un transporte seguro para los empleados que trabajaban hasta después de las once de la noche era una necesidad, así que presenté la solicitud a mi supervisor, y lo conseguí. En la primera semana de mi matrimonio, fijé que la abuela de mi marido no pudiera dictar cuándo y durante cuánto tiempo yo visitaba la casa de mis padres (una batalla que algunas mujeres recién casadas de la India puede que no tengan el valor de librar en absoluto).

Luchar contra matones de patio de colegio, protestar contra gobiernos autoritarios, el acto progresista de rechazar la dote o pedir a nuestras propias familias que amplíen sus percepciones de los derechos y los papeles de las mujeres, todo lo que implica vivir la vida al máximo exige tener valor.

Por otra parte, la falta de valor se paga cara, como en el caso de las mujeres atrapadas en familias patriarcales, las personas que trabajan para jefes crueles y las que son incapaces de reivindicar su propia identidad por miedo a que las juzguen (o incluso por temor al daño físico). Ser incapaz de actuar en nuestro nombre y para defender nuestros valores pasa factura a nuestra autoestima.

Esas palabras que me decía mi abuela antes de acostarme se debían a su identidad sij. Me hacían creer que la verdadera fuerza es una expresión de la divinidad que hay dentro de mí, y que es mi deber escucharla y actuar basándome en ella. Se afirma que lo que nos dicen de niños es lo que nos decimos a nosotros mismos de adultos, y, sin duda, ese es mi caso. Sé en lo profundo de mi alma que soy fuerte y, por eso, incluso en momentos de verdadero miedo, vergüenza o duda, puedo impulsarme para actuar como sea necesario.

De santo a soldado

No soy solo yo. Quienes conocen a los sijes aunque sea un poco saben que se nos considera una comunidad valiente. Cuando los británicos llegaron a la India, clasificaron a los sijes como pueblo marcial sobre todo porque admiraban las habilidades y el comportamiento de los soldados del maharajá Ranjit Singh. Los reclutaron para sus primeros regimientos y enseguida adquirieron fama por ser fieros y caballerosos.

Ochenta mil soldados sijes sacrificaron la vida en las dos guerras mundiales y más de cien mil (incluido mi abuelo paterno) quedaron heridos en combate. De hecho, hasta que se impusieron cuotas proporcionadas en función de la población de cada estado, los sijes formaban el grupo más numeroso del ejército indio. Los regimientos sijes también son los que más premios de honor han ganado por su valentía.

Se han hecho películas y se han escrito libros sobre sijes que mostraban una fuerza extraordinaria contra todo pronóstico. Sin embargo, a la idea popular de que los *sardarjis* son fuertes le falta un matiz. Los sijes tienen fuerza bruta, pero se guían mediante una fuerte brújula espiritual que les ordena que usen esa fuerza por una causa justa.

Piensa en cómo los agricultores indios sijes protestaron contra las nuevas leyes agrícolas de 2020. No llegaron con espadas sino con tractores, raciones para seis meses y la voluntad de aguantar a largo plazo hasta que el resultado de las conversaciones fuera satisfactorio.

«El gurú Nanak tuvo mucho valor moral», afirma el general condecorado Iqbal Singh Singha, que ha liderado a muchos regimientos indios y también fue elegido para dirigir la Fuerza de las Naciones Unidas de Observación de la Separación en Etiopía y Siria. «Nuestro primer gurú desafió a sacerdotes y miembros de la realeza para decirles en qué se equivocaban. Nuestro décimo gurú, Gobind Singhji, logró la proeza de hacer el trabajo de batallones enteros con solo un puñado de soldados. Sin embargo, fue el sexto gurú sij, Hargobindji, quien nos dio el equilibrio del *miri piri*. Equilibrar la fuerza bruta con una conciencia espiritual ha sido una tradición fuerte en el sijismo. El Gurú Granth Sahib denomina a este concepto ser un *sant-sipahi* o santo-soldado. Yo considero que es el *miri piri* del guerrero».

El nacimiento de Khalsa

En el Baisakhi de 1699, el décimo gurú sij, Gobind Singhji, pidió a sus adeptos sijes que fueran a Anandpur, donde estaba él. Una vez que la multitud se reunió allí, pidió un voluntario que sacrificara su vida por la hermandad. Un hombre, Daya Ram, se prestó voluntario y el gurú Gobind Singh entró con él en una tienda. Al cabo de unos minutos, salió con una espada sangrienta. Repitió el mismo procedimiento cuatro veces más hasta que cinco voluntarios desaparecieron dentro de la tienda para su «sacrificio».

Al final, el gurú Gobind Singh salió de la tienda con los cinco voluntarios sanos y salvos y reveló que había decapitado a cinco cabras en la tienda. Al pedir a sus adeptos que sacrificaran la vida sin rechistar, se aseguraba de seleccionar solo a los hombres más valientes para que fueran los primeros miembros de la orden Khalsa. Estos cinco sijes recibieron el nombre de *Panj Pyaare*, o «los cinco queridos». El gurú también dio a todos sus adeptos el título de *Singh (león)* y fundó las cinco K del sijismo:

Kes: pelo sin cortar para elevar su estatus al de los líderes del ejército y la clase acomodada de aquella época.

Kanga: peine que simboliza el cuidado y la mentalidad del cabeza de familia.

Kachha: ropa interior larga para mostrar restricción sexual respecto a las mujeres.

Kirpan: espada simbólica para su identidad de guerrero.

Kada o *kara*: brazalete de hierro cuya forma simboliza la interconexión entre universo y divinidad.

Valor = *seva*

Para infinidad de sijes como yo, **defender a los oprimidos es simplemente otra forma de hacer** *seva*. Gracias a los muchos sacrificios de nuestros gurús, el valor, la ética e incluso la espiritualidad están inextricablemente unidos en la tradición sij. Esto es lo que diferencia a la valentía de los sijes de ideas generales de fuerza o violencia.

De hecho, el popular grito de guerra sij «*Jo bole so nihal, Sat Sri Akal*» significa «La victoria es de aquellos que toman el nombre del divino con corazón sincero». Incluso en la guerra, los sijes encauzan la espiritualidad en línea con la presencia divina que todo lo abarca. De Borneo a Pakistán hasta las trincheras de guerra mundiales o los actos de valor individuales de sijes contemporáneos, los ejemplos son infinitos.

Durante la pandemia de Covid-19, la comunidad sij fue increíblemente creativa para servir *langar* a los más necesitados, tanto en la India como en el extranjero. Lucharon contra el temor no solo de contagiarse de coronavirus, sino también de extenderlo a los miembros de su familia inmediata.

Poner en peligro la propia vida y hacer sufrir a tus seres queridos para servir a una causa superior es común en la tradición sij. Pienso en Daya Ram, el primer hombre que se ofreció voluntario para morir decapitado en la orden Khalsa, o el propio gurú Gobind Singhji, que sacrificó la vida de sus cuatro hijos en batallas contra los gobernantes mogoles, o el gran número de oficiales del ejército sijes que han luchado y muerto por la India.

En el año 2020, se hicieron protestas a gran escala en la India contra la Ley de enmienda a la Ley de ciudadanía, que otorgaba la ciudadanía india a minorías perseguidas del sur de Asia como hindúes, sijes, cristianos, paris, budistas y jainistas, pero no daba el mismo derecho a los musulmanes. Tras las represalias que se produjeron después, varias áreas de población musulmana de la capital se convirtieron en escenarios de disturbios, incendios provocados y violencia entre comunidades. Muchos sijes arriesgaron su propia vida para salvar la de cientos de musulmanes. Mohinder Singh y su hijo Inderjit Singh usaron motocicletas para transportar de 60 a 80 de sus vecinos musulmanes a un lugar seguro. También hubo miembros del sindicato agrícola de Kisan del Punyab que se desplazaron hasta Shaheen Bagh, el eje de las protestas lideradas por las mujeres, para apoyar a sus hermanas musulmanas frente a la brutalidad policial.

Cabe señalar que multitud de sijes ayudan a sus hermanos musulmanes en la India hoy en día pese a tener una larga historia de conflicto contra los mogoles. ¿Quién crees que los inspiró? El noveno gurú sij, Tegh Bahadurji, sacrificó su vida por defender los derechos de los pandits de Cachemira, los hindúes del valle de Cachemira que fueron obligados a convertirse al Islam. Fue a hablar con el emperador mogol Aurangzeb para pronunciarse contra aquellas conversiones y lo pagó con su propia decapitación.

El gurú Tegh Bahadur ni siquiera creía en la religión ni en los rituales de los pandits. Sin embargo, estaba dispuesto a sacrificar su propia vida. De hecho, incluso puso en peligro a la comunidad sij al dejar como heredero a Gobind, que tenía once años, simplemente porque era lo que había que hacer, oponerse a la injusticia.

Es imposible hacer demasiado hincapié en los sacrificios de nuestros gurús en la cultura sij. A tenor de su conducta, no hay *seva* ni sacrificio demasiado grandes para los sijes. Los gurús sijes dieron ejemplo sacrificando sus propias vidas y las de sus hijos, por eso, los *sardars* y *sardarnis* están dispuestos a arriesgar su propia seguridad para ayudar a los demás. Para nosotros es algo natural, igual que hacer *seva*. Lo más importante es que los sijes hacen lo correcto por su propio bien y no por un beneficio individual o político. Ayudar a alguien no es un acto partidista sino espiritual. Nanak dijo que el servicio altruista es la forma de ser un buen sij, por lo tanto, la valentía se convierte en otra forma de *seva* para nosotros.

Cómo entrenar la valentía

No solo quienes luchan en la primera línea de la pandemia, las guerras y la violencia entre comunidades necesitan valentía. Las personas corrientes también la necesitan. Para declarar nuestro amor a una posible pareja para toda la vida o decir a un desconocido que lo admiramos, necesitamos valentía. Para hacer frente a injusticias diarias y superar a familiares críticos, jefes desagradables, amigos desorientados, también. Para responder a nuestra verdadera llamada en la vida, tanto si se trata de escribir un libro como de cultivar setas en una granja o inventar una forma nueva de que las mujeres orinen en los lavabos públicos, también necesitamos valentía.

Es poco realista pensar que puedes tener una existencia auténtica sin valentía. **Cualquier transformación que pueda elevar en potencia nuestra vida implica riesgos inherentes. Y para superar esos riesgos, necesitamos valentía, tanto física como mental.** ¿Cómo podemos desarrollar ese músculo? Lo he dividido en cuatro pasos importantes.

1. *Deja espacio al miedo*

La respuesta natural del cerebro al miedo y la ansiedad es no hacerles caso y hacer lo que parece más seguro. Es una reacción biológica y humana. Nuestro cerebro quiere un vaso de dulce *lassi* antes de una cabezadita por la tarde, pero lo que necesita es una *patiala peg* (un chupito extra grande) de whisky solo (perdón, no me he podido resistir). ¿Cómo se logra dar espacio al miedo? El primer paso es reconocer lo que nos asusta porque luchar contra ello solo aumenta la ansiedad.

Un mes antes de dar a luz a mi hijo, empecé a escribir un diario para documentar su nacimiento y mi postparto.

Y pronto mi texto reflejó la ansiedad que había estado sintiendo durante los últimos ocho meses. La realidad de cuidar a un recién nacido me llenaba de angustia. La había estado evitando con éxito durante el embarazo, pero ya no podía. Así que hice una lista con estos puntos:

- No seré buena madre.
- No disfrutaré de ser madre.
- No podré dar el pecho a mi hijo.
- No podré retomar mi carrera de escritora después de ser madre.
- Mis seres queridos no podrán conocer a mi bebé durante la pandemia.
- No podré seguir viajando con frecuencia.
- No podré quedarme en casa de mis padres debido a la pandemia.
- Tendré diferencias con las personas mayores de la familia por la crianza del bebé.
- Me pondré exageradamente gorda y mi precioso pecho se quedará feo.
- Envejeceré física y mentalmente.
- La salud de mi abuela se deteriorará y no podré cuidarla.

No todos estos temores eran racionales o justificados, pero esa no es la cuestión. Escribirlos me permitió expresar exactamente lo que sentía. Después de perder el control de mi cuerpo en el embarazo, me ayudó a ganar cierto control sobre mi mente al menos. No podía abordar todos los puntos, pero tener una lista física y tangible de once temores era mucho mejor que tenerlos flotando en la cabeza, algo que parecía hacerlos innumerables e insuperables.

Si te da miedo una situación o una decisión de tu vida, intenta hacer una lista de esos temores. La obra *Libera tu magia*, de la escritora de superventas Elizabeth Gilbert, trata de la vida creativa y de perseguir tu pasión. La primera parte del libro está dedicada al valor, donde la autora escribe una carta a su miedo acerca del viaje creativo en el que se iba a embarcar. Dio a su miedo un carácter divertido y también un lugar en su corazón. Y solo entonces pudo seguir a partir de ahí. Escribe las consecuencias nefastas de que tus miedos se hagan realidad. Y recuerda que, de hecho, es un acto valiente admitir tus miedos. Puede parecer ilógico, pero el verdadero valor empieza admitiendo que tenemos miedo y, después, siendo valientes cuando lo tenemos delante.

2. *Encuentra tu porqué*

Creo firmemente que una de las formas más efectivas de construir un hábito es alinearlo con tus razones para adoptarlo en lugar de concentrarte en su implantación. Cuando sabes que tu causa está justificada, estás dispuesto a ir aún más allá para defenderlo. Una razón por la que los sijes no dudan en ser valientes es que creen que defender una causa justa es lo honorable. Es algo que les importa. Prefieren morir luchando que ser conocidos como gente que no hizo lo correcto en una circunstancia difícil.

Así que, cuando reúnes el valor de enfrentarte a tus miedos, una forma sencilla pero efectiva de motivarte es centrarte en tu causa, aunque la causa seas tú. Una vez que crees que merece la pena luchar por lo que quieres, conquistarás tus miedos con mayor facilidad. Lo raro es que a menudo me resulta más fácil defender a otra persona, pero cuando se trata de mi propia causa, dudo. Solo cuando hacemos el cambio mental a creer que nuestras necesidades y deseos son dignos empezaremos a hacer eso mismo por nosotros.

Una forma tangible que tengo para encontrar mi porqué es preparándome para una conversación difícil futura y dándome explicaciones detalladas a mí misma. Defender mis argumentos en voz alta me ayuda a sentirme mejor preparada en una situación que me daría miedo. Hace que mi comunicación sea más fructífera y clara, incluso si tengo miedo o ansiedad en ese momento.

Te daré un ejemplo. He sido de talla grande en varias etapas de mi vida y he sido criticada por mi peso por familia y amigos e incluso por personas que apenas conocía. Aquellos comentarios me hacían sentir inadecuada y avergonzada, pero también me enfadaba conmigo misma por dejar que siguiera aquel acoso. Después de los comentarios, lloraba durante horas. Tras un incidente, me di cuenta de que tenía que estar preparada con una buena respuesta para cuando alguien comentara mi peso, forma o talla en el futuro. Así que la siguiente vez que un familiar me dijo que me había engordado, enseguida le contesté que la gordofobia es cruel y que se debería confiar en que cada persona tiene la responsabilidad de su propia salud. Aunque diera mucho miedo en aquel momento (me sudaban las palmas de las manos, se me aceleró el corazón, me temblaba el cuerpo de miedo), pude hacerlo porque creía que yo me merecía un trato mejor.

3. *Ejercita tu músculo del valor*

La cultura popular presenta al individuo más valiente como a alguien sin miedo, pero esto es irracional y erróneo. Si alguien no tiene miedo realmente, puede que salte de un coche en marcha, que ponga la mano en un fuego o que camine solo en un barrio poco seguro. El miedo tiene un papel muy importante en nuestra vida porque evita que nos destruyamos a nosotros mismos de formas extremadamente estúpidas.

La idea de que nacemos siendo fuertes también es un mito. Yo y muchos otros sijes podemos dar fe de que somos tímidos y dóciles de niños y aprendemos a perder los miedos mediante la educación. Mis padres simplemente me obligaban a enfrentarme a mis temores hasta que dejaba de estar asustada. Hacían que hablara con desconocidos, participara en competiciones escolares y durmiera sola en mi propia cama hasta que esas cosas ya no me daban miedo.

«La valentía es un hábito, una virtud: se consigue haciendo actos valientes», escribe Brené Brown, la académica, oradora TED y escritora superventas en su libro *Los dones de la imperfección*. «Es como aprender a nadar nadando. Aprendes a tener valentía haciendo cosas valientes». ¿Qué harías para conseguir unos abdominales que parezcan una tableta de chocolate? ¿Muchas planchas? ¿Qué harías para aprender un instrumento musical? ¿Horas de ensayo? Con el valor pasa lo mismo, la verdad.

Ser madre primeriza fue la oportunidad perfecta para vivir con miedo. Mi hijo tuvo que ser operado de una hernia y le tuvieron que poner anestesia general a las seis semanas. Aquella experiencia hizo que me pusiera paranoica sobre su salud. Pero vivir de aquella forma iba a ser agotador, y, en el fondo, yo lo sabía. Así que hice un esfuerzo para superar aquel miedo y puse en práctica estar menos asustada.

En los meses inmediatamente posteriores, superé el impulso de sentir pánico por cosas inocuas como el frío de la mañana o un vómito y llamar a su pediatra repetidamente. Al cabo de tres meses, poco a poco empezamos a recibir visitas y a llevarlo a parques en los que no hubiera mucha gente, incluso durante la pandemia. Hoy en día, mi hijo lame todo lo que se le pone por delante y yo me río y digo «Bueno, al menos está construyendo inmunidad».

Con el tiempo, sí que me sentí más valiente sobre el hecho de cuidar a un ser humano indefenso y diminuto.

Aquí tienes un ejercicio para poner en práctica la valentía en la vida. **Elige un temor pequeño o mediano. No uno enorme que implique una decisión vital importante, sino algo más intrascendente.** Por ejemplo, la próxima vez que salgas, ponte esa camisa divertida o ese pintalabios atrevido que hace tiempo que quieres probar. Dirígete a un desconocido al azar por correo electrónico o por redes sociales y dile por qué lo admiras. Visita tu restaurante preferido y come solo.

Conquistar un miedo pequeño creará emociones positivas de logro de una meta que se tenía desde hacía tiempo. Con el tiempo, el cerebro asocia recompensas con el comportamiento valiente y es menos reacio a dichos actos. Una vez que hayas comido una comida solo, el siguiente paso podría ser irte solo un fin de semana. Después de haber hablado con un desconocido, no te resistirás tanto a hacer amigos en una fiesta. Con el tiempo, empezarás a sentirte más valiente a la hora de enfrentarte a la vida y vivirla.

4. Encuentra tu comunidad de valor

El acto de ser valiente no siempre tiene que ser solitario. Por supuesto, habrá muchos momentos en la vida en los que uno debe ser el primero o el único que está en desacuerdo con la multitud, pero no será así en todos los casos. Dado que los sijes tienen valores similares, pueden obtener fuerza de su comunidad de valor en numerosas situaciones, tanto si se trata de alistarse al ejército indio como protestar contra leyes que consideran abusivas. Saber que existe toda una comunidad que te apoya ayuda enormemente a defender una causa justa.

No es necesario convertirte a la fe para aplicar este principio sencillo a tu vida diaria. Encuentra tu propia comunidad de valor. ¿Te da miedo escribir porque no crees que seas lo suficientemente bueno? Únete a un grupo de crítica (o empieza uno) con otros escritores aficionados que quieran mejorar sus textos.

¿Hay una causa social o incidente público que te parezca muy importante? Envía mensajes a amigos y compañeros de trabajo con intereses parecidos a los tuyos para organizar una protesta pacífica. A veces ni siquiera necesitas toda una comunidad, sino que basta con un modelo a seguir que sea valiente de forma discreta. Puede inspirarte a hacer lo que tienes que hacer. Los psicólogos creen que tener un mentor hace que las personas tengan más éxito en sus carreras profesionales. No hay ninguna razón para no aplicar esto a tu crecimiento personal. De hecho, los sijes llevan usando sus gurús como modelos de valor a los que imitar desde hace siglos.

Ha habido momentos en la historia en los que el mero hecho de ser sij a simple vista por el turbante y la barba denotaba un valor enorme. En 1984, después de que la primera ministra india Indira Gandhi fuera asesinada por sus guardaespaldas sijes, estalló la violencia en Delhi. Los sijes fueron perseguidos, torturados, quemados y asesinados. Los hombres sijes se escondían y no iban al trabajo porque la turba iba a las casas sijes, los sacaba a la fuerza y los mataba.

Durante los meses posteriores a los ataques terroristas del 11-S en la ciudad de Nueva York, se notificaron 300 delitos de odio contra sijes en los Estados Unidos. Eran confundidos con árabes o afganos. Se les insultaba llamándoles «cabezas de trapo», y algunos hombres sijes fueron asesinados por estadounidenses que los tomaron por musulmanes. En ambas ocasiones, los sijes se llevaron la peor parte de una venganza injusta por ser quienes son y vivir su vida cotidiana.

Pero siguieron llevando turbantes y dejándose crecer la barba frente a todo aquello con una valentía discreta y determinada. Obtuvieron fortaleza de la comunidad creada por los gurús sijes y también de los valores a los que dan mucha importancia. En lugar de presumir o hablar sobre esta valentía, dieron ejemplo al no abandonar su fe (ni interna ni externamente) ni siquiera ante un grave peligro. Tanto si acabas de ser madre, como si eres ingeniero informático o estudiante universitario, adopta esta mentalidad de santo-soldado. Te ayudará a vivir tu vida más auténtica.

Regla número 4:
Di gracias todos los días

Hasmeet Singh Chandok creció en Ludhiana (Punyab), y fue a vivir a Nueva Escocia (Canadá) para su educación superior en 2013. La región tiene poca diversidad racial o conciencia sobre la cultura sij, y llamar la atención con la barba y el turbante no siempre fue una experiencia agradable. En un mundo post 11-S, a menudo lo confundían con un musulmán, incluso le insultaron en un aparcamiento. Además, estaba intentando crear una vida nueva y demostrarse a sí mismo que se merecía estar en el extranjero.

Sin embargo, en vez de convertirse en alguien miedoso o amargado, Chandok hizo todo lo contrario. Empezó a producir melodiosos vídeos de *bhangra* en lugares icónicos de Nueva Escocia como la costa de Peggy's Cove y el mirador en la colina de la ciudadela de Halifax. Esos vídeos acumularon hasta 50 millones de vistas en cuatro días y también recaudaron sumas importantes para organizaciones benéficas canadienses que se centran en la ELA, el cáncer de pecho y los problemas de salud mental.

Los alegres turbantes de los bailarines, sus sonrisas contagiosas y el ritmo animado fueron una carta de presentación de los sijes a los canadienses y conquistaron los corazones de lugares remotos como Japón y Arabia Saudí. Chandok fundó el grupo Maritime Bhangra y saltó a la fama como el «sij bailarín».

«Elegimos el baile para representar nuestra cultura y también como medio para hacer *seva* porque es positivo, alegre, y atrae la atención hacia nuestra identidad y cultura», dice Chandok. «No mencionamos ni una palabra sobre el sijismo en nuestros discursos ni en nuestros espectáculos de *bhangra*, pero la gente siente nuestro espíritu de *seva*. Se fijan en nuestro aspecto, hacen preguntas y, con el tiempo, investigan por su cuenta».

Chandok es un ejemplo viviente de resiliencia tal y como se enseña y se practica en el sijismo. Sabemos que los sijes hacen mucho *seva*, viven la vida alegremente y saben cómo defenderse a sí mismos y a los demás. Pero lo que hace que sus acciones y su actitud sea excepcional es que lo hacen a pesar de una historia empañada por la guerra, la pérdida y el racismo.

Desde las invasiones mogolas hasta las cicatrices de la Partición a la masacre tras el asesinato de Indira Gandhi a la violencia sin sentido posterior al 11-S, la comunidad sij ha sufrido una adversidad grave. Pero en cada ocasión han reforzado su resiliencia y han superado los escollos elevándose por encima de ellos y sirviendo al prójimo.

¿Acaso ser resiliente puede ser más importante en otro momento que después de 2020? Todo el mundo sufre adversidades en la vida. Unas personas pierden a seres queridos, otras son despedidas del trabajo, otras se divorcian, algunas sufren por desastres naturales y otras sienten una enorme presión cultural o social para ajustarse a la norma. Si yo dejara la próxima página en blanco y animara al lector a escribir en ella sobre su sufrimiento, seguro que estaría llena de historias humanas desgarradoras. Para vivir una vida llena, exitosa y sana, tenemos que desarrollar nuestro músculo de la resiliencia. En este capítulo, hablo sobre la gratitud y de que es clave para prevalecer ante los fracasos y superar las adversidades.

Resiliencia 101

Del verbo latín *resilire* (literalmente «rebotar»), la resiliencia es la capacidad de mantener el rumbo o incluso mostrar un crecimiento positivo frente a la adversidad y el riesgo. Como comunidad, los sijes han tenido que encarnar este rasgo tras acontecimientos devastadores y traumáticos como la masacre de Jallianwala Bagh y la Partición.

Muchas personas (incluida mi *nani*) tuvieron que abandonar su hogar de la noche a la mañana y muchas también perdieron a familiares en la violencia relacionada con la Partición. Hoy en día, en general, los sijes son una comunidad próspera y alegre, pero cuentan esas experiencias de forma consciente para inspirar a las generaciones futuras a construir resiliencia.

Cuando empecé a trabajar en este capítulo, tuve curiosidad por saber qué distingue a las personas que caen en la desesperación en momentos de pérdida de las que superan sus circunstancias para seguir adelante. Encontré el trabajo pionero de los psicólogos Richard Tedeschi y Lawrence Calhoun que, tras las muertes de sus hijos, se unieron para trabajar en un campo de estudio que denominaron «crecimiento postraumático».

Observaron que incluso las personas que habían sufrido tragedias como perder a hijos, sobrevivir a una violación, huir de países asolados por la guerra o sufrir de enfermedades crónicas y dolorosas podían mostrar resultados positivos además de sentir tristeza y estrés. Por lógica, es comprensible que cualquier persona que haya pasado por una experiencia traumática se sentirá ansiosa o incluso deprimida, pero Tedeschi y Calhoun dicen que también puede mostrar lo siguiente:

- Una mayor gratitud.
- Un deseo de conectar con las personas.
- Más resiliencia emocional, es decir, es un músculo que podemos desarrollar, igual que ocurre con la valentía.
- Amplitud de miras para aprovechar nuevas oportunidades en la esfera personal o en la profesional.
- Mayor compromiso con pensamientos y actividades espirituales.

Me llamó la atención el punto de la gratitud y me recordó la práctica espiritual de mi madre, la *shukrana*, o dar gracias, que es un elemento importante del sijismo. Durante mi niñez, mis padres hacían hincapié en recordar a Waheguru tanto en los buenos como en los malos tiempos. De hecho, tengo una costumbre, desde hace tiempo: **siempre que estoy en un *gurdwara*, esperando para inclinar la cabeza ante el Darbar Sahib (lugar en el que está situado el libro sagrado sij, el Gurú Granth Sahib), doy las gracias por todo lo que hay en mi vida mediante cánticos.** Mis rezos comprenden principalmente dar gracias y rendirse a la voluntad de la divinidad.

Hoy en día, el agradecimiento está al frente del movimiento de amor propio, pero para los sijes es una tradición vieja y de afirmación de la vida. Solo cuando miramos nuestra vida desde la óptica de la abundancia podemos encontrar la fuerza y la perspectiva para superar la adversidad. Quedar hundido en tus problemas personales probablemente sea el mayor elemento disuasorio para el *seva*. Cuando aprendes a superar la adversidad, llegas a un lugar mejor y eres capaz de encontrar un lugar en tu corazón para ayudar al prójimo. Incluso la ciencia apoya esta idea con estudios que demuestran que las personas resilientes obtienen mejores resultados académicos, muestran menos comportamientos delictivos, mantienen vínculos más estrechos con la comunidad y tienen índices de mortalidad menores.

Tender la mano en lugar de portarse mal

El quinto gurú sij, Arjan Dev, compiló la primera versión del Gurú Granth Sahib. Era una recopilación de versos de gurús sijes, místicos sufíes y santos hindúes del siglo XVII. El emperador mogol que estaba en el poder en aquel momento, Jahangir, ordenó al gurú Arjan Dev que eliminara las referencias hindúes e islámicas del texto sij porque las consideraba blasfemas. Cuando el gurú se negó a hacerlo, Jahangir lo condenó a sentarse en una chapa de metal abrasadora y a que le tiraran arena caliente. Tras cinco días de tortura extrema, el gurú fue llevado al río para un baño y nunca se le volvió a ver.

Los sijes celebran este martirio mediante un tipo de *seva*. Durante los meses de verano de mayo y junio, repartimos un *lassi* frío y dulce llamado *chabeel* al público en su honor. En lugar de buscar venganza o gritar sobre esta injusticia desde los tejados, los sijes marcan esta ocasión apagando la sed de trabajadores y viajeros agotados. La resiliencia, sobre todo a través del comportamiento a favor de la sociedad, es un rasgo profundamente integrado en la comunidad desde la época de su creación.

Quizás las mayores amenazas físicas y culturales para los sijes en el siglo XX fueron los delitos de odio cometidos contra ellos tras los ataques terroristas del 11-S. Los hombres sijes con turbantes y barbas fueron tomados por afganos por parte de estadounidenses racistas y fueron asesinados, atacados e insultados. Menos de una semana después de los ataques terroristas estadounidenses, Balbir Singh Sodhi, el propietario estadounidense sij de una gasolinera, fue asesinado.

Tras la pérdida de su hermano por el ataque fruto del racismo y la desinformación, el hermano de Sodhi, Rana Singh, se dedicó a dar charlas en escuelas y lugares de culto sobre el valor del amor, la paz, la tolerancia y la conciencia. Su labor de divulgación ha sido aplaudida por la Liga Antidifamación de Arizona y en la Casa Blanca durante la administración del presidente Barack Obama.

Una amiga de la familia de Sodhi, Valarie Kaur, era abogada en el momento de su muerte. Después del incidente, Valarie lanzó el Revolutionary Love Project para trabajar con los conceptos de raza y desigualdad en los Estados Unidos. Actualmente, es activista y oradora TED y apela al público a luchar contra el odio mediante el amor. Para Rana y Valarie, las emociones positivas como el amor, la compasión y el perdón potencian su capacidad de superar la tragedia del asesinato. Llevarlo un paso más allá hace labores de divulgación contra la discriminación, y, por tanto, ayudar a todas las minorías de los Estados Unidos es sencillamente un instinto natural para los sijes.

Tal y como se ha visto recientemente durante las protestas agrícolas de 2020, los sijes muestran resiliencia cuando las circunstancias son duras. Hubo manifestaciones a gran escala a lo largo del Punyab, Haryana y Nueva Delhi en reacción a las nuevas leyes agrícolas presentadas por el gobierno indio. Los sijes llegaron a los lugares de la manifestación con carros unidos a sus tractores, y comida y medicina e incluso equipo para montar gimnasios y peluquerías. ¿Sabes qué más hicieron? Organizaron *langars* en los que podía participar todo el mundo e hicieron *seva* para las familias que vivían en los arrabales cercanos.

Quizás el mayor gesto de resiliencia fue que los mismos policías que se enfrentaban a los sijes durante el día recibían comida cariñosamente del *langar* montado por los manifestantes por la tarde. A pesar de los violentos enfrentamientos en los que se usaba gas lacrimógeno y cañones de agua contra ellos, los sijes superaron su angustia frente a las leyes nuevas siendo amables precisamente con las personas que representaban a sus opresores.

Al tender la mano a los demás con alegría, compasión y gratitud en vez de hacerlo con rabia u odio, innumerables sijes como Rana Singh, Valarie Kaur y miles de manifestantes agrícolas simplemente están haciendo avanzar la práctica de usar *seva* y convertirlo en un tipo de resiliencia. Su capacidad para hacer el bien no se ve frenada por la tragedia personal.

Cómo construí el músculo de mi resiliencia

La realidad es que, en momentos de desesperación profunda, puede parecer realmente imposible el mero hecho de mantenerse a flote en lugar de hundirse. Tender la mano al prójimo puede parecer un objetivo demasiado ambicioso cuando nosotros mismos estamos destrozados. Las acciones de Rana Singh o Valarie Kaur quizás parezca que exijan reservas de fuerza sobrehumanas, pero, igual que la valentía, la resiliencia también es un músculo que se puede desarrollar. Voy a utilizar un ejemplo de mi propia vida para demostrar cómo trabajo la resiliencia y explicar por qué construir resiliencia se convirtió en un objetivo vital para mí incluso en los buenos tiempos.

Al principio de escribir este libro, me costaba mucho encontrar el tono y la voz. Mi editora tuvo la amabilidad de darme un período sabático de dos meses para que hiciera la transición de mi estilo de escritura y para que me acostumbrara a ser una madre trabajadora con un bebé. Me recomendó que dedicara ese tiempo a leer mucho. En aquel período de valiosa investigación, apunté cientos de cosas a mano a partir de todo lo que leí y de entrevistas que hice a varios sijes. Aquellas notas fueron cruciales para enfocar la escritura de este libro con un vigor renovado.

Había acabado una tercera parte de este manuscrito cuando pasó lo inconcebible. Un día, llegué y vi que la persona que nos ayuda en casa había roto las notas y las había tirado a la basura. Soy consciente de que este incidente no se puede comparar con perder a un ser querido, experimentar una ruina financiera ni sufrir una violación.

Pero como pasó justo después de dar a luz durante una pandemia, tener a un familiar cercano con Covid-19, experimentar ansiedad postparto, ver a mi bebé pasar por una operación quirúrgica y presenciar dos infartos cerebrales, para mí, fue la gota que colmó el vaso.

Estaba desconsolada y no pude leer ni escribir nada durante un mes entero. Cada vez que pensaba en encender el ordenador portátil, una parálisis debilitante me dejaba incapaz de hacerlo. El énfasis en *seva* de Nanak se basa en sus enormes beneficios para nuestra salud mental. Al cabo de unas semanas, supe que había llegado la hora de que hiciera *seva* hacia mí misma para superar aquel escollo.

Presa de la desesperación, googleé «cómo ser resiliente» y empecé a estudiar estrategias efectivas. Un amigo me recomendó el libro de Sheryl Sandberg *Opción B*, donde habla sobre cómo recompuso su vida después de la muerte repentina y prematura de su marido, y me llegó al corazón. Mientras procesaba mi pérdida, sufría y me recuperaba, empecé a conectar a nivel espiritual no solo con sijes sino también con cualquier persona que se hubiera enfrentado a una adversidad desgarradora y hubiera vivido para contarlo. Desarrollar resiliencia me hizo más compasiva y empática y me conectó con toda la raza humana.

Las tres cosas que me ayudaron a superar la pérdida de mis notas fueron reformular la tragedia en mi cabeza, buscar apoyo y empezar a dar las gracias conscientemente a menudo.

Reformular

Justo después del incidente de las notas, entré en una espiral de desesperación como hacemos todos a menudo en momentos traumáticos. No pensé que alguna vez tendría la misma oportunidad de escribir un libro excelente de verdad. ¿Por qué no había guardado las notas escritas a mano en un documento Word para tener una copia de seguridad?

¿Quién me iba a dar un segundo período sabático para leer aquellos libros, hacer las entrevistas y tomar esas notas otra vez? ¿Cómo iba a recordar todas las conexiones y ejemplos que había marcado cuando ni siquiera recordaba en qué día de la semana vivía por la confusión mental del postparto? ¿Qué haría cuando mi editora me enviara los futuros capítulos con revisiones importantes en las que me decía que tenía que rehacer aquellas páginas?

La cultura popular estigmatiza los contratiempos y castiga el fracaso. Sin embargo, si preguntáramos a cualquier grupo de personas los momentos en los que más han aprendido en su vida personal y profesional, es probable que señalaran las circunstancias más duras que les habían hecho llorar.

Fracasos empresariales, divorcios, disputas familiares, el trabajo con jefes malos son momentos muy duros, pero que también presentan curvas de aprendizaje pronunciadas. De hecho, muchas empresas de Silicon Valley como Google, Facebook y Uber ahora celebran abiertamente los fracasos. Intentan normalizar hablar de meteduras de pata leves, incluso grandes, para animar a asumir riesgos y tener un éxito enorme, algo que ocurre normalmente tras fracasos estrepitosos.

Sheryl Sandberg señala la investigación del psicólogo Martin Seligman sobre la resiliencia en *Opción B*. Seligman es el padre de la psicología de la felicidad y, tras décadas de trabajo, descubrió que había tres cosas que impiden la recuperación. La primera es la personalización, que consiste en culparnos de la adversidad a la que nos enfrentamos. La segunda es la generalización, que nos hace creer que la adversidad afectará a todos los aspectos de nuestra vida. La tercera es la permanencia, que es la creencia de que las repercusiones de la tragedia nunca se irán de nuestra vida.

Con esta nueva toma de conciencia, pude recuperar cierto control sobre mis pensamientos. Dejé de culparme a mí misma por no tener una copia de seguridad electrónica porque no era posible adivinar el desastre. Miré otros aspectos de mi vida en los que las cosas no eran un completo fracaso, como mis relaciones o mis finanzas. También sabía en el fondo que iba a acabar el manuscrito porque era importante para mí. Reformular nos ayuda a mirar hacia delante en vez de pensar insistentemente en la desgracia en cuestión. Acepté que tenía que encender el ordenador portátil más pronto que tarde si quería acabar el libro.

Buscar ayuda

De acuerdo con el estudio de Tedeschi y Calhoun, los seres humanos ansían conexión con personas después de una experiencia traumática. Hacer una lista de personas a las que recurres regularmente para recibir apoyo es una forma fantástica de construir resiliencia para lo que te depare la vida. A menudo, tener varias personas de apoyo es más valioso que confiar solamente en una persona en tu vida.

Cabe señalar una advertencia respecto a este consejo. A veces, cuando sucede algo realmente horrible, los amigos, familiares y compañeros de trabajo se sienten incómodos sacando el tema porque no saben qué decir para consolarte o les resulta duro verte angustiado. Y, a la inversa, nosotros mismos podemos contenernos durante tiempos difíciles y sufrimos en silencio aunque nuestros seres queridos se acerquen a nosotros de forma consciente. Puede ser más fácil bloquear sentimientos negativos que procesarlos comentándolos. Sin embargo, hay muchos ejemplos de hombres y mujeres sijes que son expertos en el arte de estar cómodos con conversaciones incómodas.

Mi amiga Karishma Kohli perdió a su madre por cáncer durante la primera ola de la pandemia del Covid-19. Como sus amigos y su familia apenas podíamos verla durante el confinamiento, hablábamos por teléfono. Me aseguré de hacer preguntas difíciles. ¿Qué te parece el diagnóstico? ¿Has llorado lo suficiente? ¿Estás reprimiendo el miedo y la tristeza? ¿Qué es lo que te da más miedo ahora?

En muchas ocasiones, lo único que le podía ofrecer era mi presencia. Hablar sobre una madre que se está muriendo probablemente sea una de las cosas más duras que existen, pero Karishma era tan humana y abierta sobre el tema que me inspiró incluso en el punto más bajo de su vida. Me dijo que había llorado durante horas mientras su madre estaba en coma. Cuando se le acabaron las lágrimas, puso música rock y cantó y bailó junto a la cama del hospital. Karishma todavía llora profundamente la muerte de su madre, pero sé que haber podido hablar sobre su dolor la ayuda a ser resiliente y hacer frente a su pérdida.

La tarde en la que descubrí que mis notas habían sido destruidas, sentí un deseo ardiente de llamar a mi mentora y buscar su apoyo. Me dijo que tendría que cavar hondo y sacar fuerzas de las lecciones espirituales que estaba aprendiendo del sijismo y la investigación que había hecho para escribir este libro. Seré sincera, ese consejo no me llegó en aquel momento por lo destrozada que estaba. En cambio, al cabo de un día o dos de tristeza, se impuso el sentido. Entonces, tendí la mano en busca de más amigas que me mostraron su apoyo y validación de mi respuesta emocional. Todas aquellas conversaciones me ayudaron a curarme y pasar a un lugar mejor y ser proactiva para lograr ser resiliente.

Decir gracias a diario

Mientras leía el libro de Sandberg, lloré muchas veces. Por su pérdida, por sus niños, por mí misma, por mi abuela, por Karishma. Pero también gané perspectiva. En el fondo, sabía que dar vueltas a las notas perdidas durante demasiado tiempo hacía que pareciera una tragedia irrecuperable, cuando, de hecho, no era así. No se había muerto nadie, y no tenía que comportarme como si hubiera pasado eso.

A falta de reuniones religiosas durante el confinamiento del Covid-19, pasé unos días escribiendo un diario de agradecimiento. Era así:

- Los escritores normalmente son rechazados decenas o incluso cientos de veces antes de encontrar una editorial para su libro. La mera oportunidad de escribir este libro era un regalo del universo.
- Aunque hubiera perdido mis notas, todavía tenía a mis seres queridos a mi alrededor. Mis padres estaban vivos y mi bebé crecía bien.
- Mi abuela estaba paralítica, pero teníamos medios financieros para cuidarla.
- Mis amigos me daban apoyo emocional en aquel mal momento.
- Mi marido y yo habíamos logrado capear una fase horriblemente tumultuosa de nuestra relación después de que yo diera a luz y poco a poco

volvíamos a emprender el camino de vuelta el uno al otro.

- Mi cuerpo se estaba recuperando bastante bien después de producir y nutrir a otro ser humano.

Dar gracias a diario tuvo efectos a corto y a largo plazo en mi vida. Las primeras veces que escribí las cosas que agradecía antes de acostarme, realmente me sentí menos angustiada de inmediato y pude dormir mejor sin que mis pensamientos entraran en bucle. Algunos días, realmente pensaba que no tendría nada que agradecer, pero cuando empezaba a escribir, surgían muchos puntos para añadir a la lista (desde una palabra amable a una comida deliciosa o un fresco día de invierno). Al cabo de una semana, se empezó a convertir en un hábito, y el mayor impacto que el agradecimiento tuvo en mi vida fue que empezó el proceso de curación para mí.

A largo plazo, sentir agradecimiento me ayudó a inculcar una actitud positiva. Cuando practicaba mirar el lado positivo, tenía menos espacio mental para mi sufrimiento. Al decir gracias a diario, sonreía más, aceptaba la alegría y respondía a mi predisposición negativa innata (la tendencia humana a concentrarse más en acontecimientos negativos que positivos). Saborear momentos positivos al final del día me ayudaba a llevar más positividad a mi cabeza y a mi vida. Pasé a agradecer más mi familia, los amigos y compañeros de trabajo y también dediqué tiempo a decir gracias a taxistas y vendedores.

«El secreto para vivir con alegría es estar presente y centrarse en lo que tenemos (en lugar de pensar en lo que nos falta en la vida) y eso es agradecimiento» afirma el *coach* de vida Milind Jadhav. «Agradece a las personas de tu vida lo que significan para ti. **Agradece cada cosa pequeña que alguien hace por ti y no lo des por sentado.** Esto transformará la calidad de tus relaciones y, a su vez, tu calidad de vida. Disfrutarás de los pequeños momentos de la vida y participarás en tus relaciones con mucha más alegría. Con el tiempo, esto impedirá que te pongas en modo moralista y quejica».

Hay muchos estudios que respaldan estas afirmaciones. Las personas que dan las gracias porque forma parte de su rutina están más sanas que las que no y también viven más tiempo. Son más felices, experimentan menos depresión, duermen mejor, tienen mejores hábitos alimentarios y mayor amor propio. Expresar agradecimiento puede hacer que las parejas se sientan más conectadas y satisfechas, hace que los empleados sean más productivos y también hace que las personas sean más empáticas y menos agresivas. Además, tal y como yo misma experimenté, es efectivo para superar el trauma.

Con el fin de reunir valor para volver a trabajar en el libro, acepté pequeños encargos de textos como *freelance*. Eso me ayudó a recuperar la confianza y volver al hábito de investigar y escribir. Cambiar la perspectiva mental para que el agradecimiento formara parte de mi actitud me ayudó a sentir abundancia en lugar de pérdida. Después de haber compartido mi dolor de forma sincera con mis allegados, me fue más fácil pensar en mí misma como algo más de lo que me acababa de pasar.

¿Significa eso que superé el incidente completamente? No. En absoluto. Todavía siento dolor en el corazón cuando pienso en todo el trabajo duro que se echó a perder. Pero, ¿sabes qué más siento? Fe en que puedo capear el temporal. Y la perspectiva de concentrarme en la abundancia en mi vida, reconocerla y dar gracias por tenerla.

Con el tiempo, cuando volví a escribir y envié el capítulo siguiente a mi editora, me dijo que era el mejor que había hecho hasta la fecha. Al escribir por fin el capítulo nuevo, hice lo que otros sijes habían hecho antes que yo durante generaciones. Además de salir más fuerte tras mi revés personal, también había encontrado una forma de obtener un beneficio de ese obstáculo al poner aquellas lecciones duramente aprendidas en un libro. Si yo puedo hacerlo, tú también.

Regla número 5:
Aprende a reírte de ti mismo

Mi padre, el *sardarji* alegre y de barriga redonda por excelencia encandila a todo el mundo de su vida (incluida mi madre) con su estupendo sentido del humor. Incluso hoy en día, veo a viejos amigos que recuerdan su humor de cuando íbamos al colegio. Nunca olvidaré un incidente que ocurrió cuando estábamos de vacaciones en Krabi (Tailandia). Era la temporada de monzones, y habíamos comprado *tickets* para una salida en barco.

En el viaje de vuelta, quedamos atrapados en una tormenta. El barco era relativamente pequeño y al poco tiempo estaba siendo azotado por olas enormes y era sacudido por el mar. Yo me mareo muchísimo y no paraba de vomitar, para gran preocupación de los demás pasajeros, la mayoría de los cuales eran chinos que no hablaban inglés.

Era una situación aterradora y tensa. En medio de todo aquello, mi padre se puso a hacer mímica para decirle a todo el mundo: no se preocupen, si los vómitos empeoran, la lanzamos por la borda. Todas las personas que iban en el barco, la mayoría de las cuales habían agarrado con fuerza los chalecos salvavidas presas del pánico, se empezaron a reír. ¡Nuestra moral durante el resto del viaje fue mucho más positiva!

Evidentemente, es una generalización decir que todos los sijes son divertidos, pero creo que hay una pizca de verdad en este estereotipo, y esto es lo que exploraremos en este capítulo. Los sijes no son solamente graciosos, sino que también se ríen de las bromas que se hacen a su costa. De hecho, me atrevería a decir que son los que más chistes de *sardarji* saben de todos y son los que más se ríen de ellos.

Ser capaz de reírse de uno mismo ayuda a ser resiliente, acepta la alegría y la contagia a los demás. Los sijes son admirados por el *seva* que hacen en la India y en el mundo, pero también son queridos por las sonrisas que dibujan en la cara de las personas con su humor y sus chistes simpáticos. En cierto sentido, el humor también es *seva*.

En 2016, la abogada Harvinder Chowdhury presentó un litigio por protección del interés público en el Tribunal Supremo para prohibir chistes de *sardarji* (conocidos como «chistes Santa Banta» porque se ríen de personajes sijes que se suelen llamar Santa y Banta). Chowdhury dijo que sus hijos se sentían humillados con aquel humor y no querían llevar los segundos nombres sijes de Singh y Kaur. Sin embargo, la reacción contra ella en los medios de comunicación procedía principalmente de los propios sijes.

En un artículo titulado «Soy sij y el que se ríe más fuerte de los chistes Santa Banta. ¿Por qué pedir una prohibición?», la periodista Preeti Singh escribe:

Como sij, nunca he sentido que hubiera un objetivo malintencionado en esos chistes. Los chistes de *sardarji* no se cuentan a puerta cerrada. Los amigos o compañeros de trabajo no se callan de repente cuando les sorprendo contando uno. En un chat de grupo, los miembros sijes no son excluidos de este tipo de chistes. Hay una fe implícita que los chistes no serán malentendidos. De hecho, son los propios sijes quienes tienen un mayor repertorio de este tipo de chistes para entretener a sus amigos. (Yo incluida).

Confieso que me he quedado perpleja con este litigio por protección del interés público. Los chistes no socavan mi orgullo de ser sij. No ridiculizan a mi religión, mis gurús, el Gurú Granth Sahib, los *gurudwaras* o el *sewa* y *langar* en esos lugares de culto. No minan la belleza de las mujeres sijes, de nuestros padres o antepasados, ni de los turbantes y barbas que lucen los hombres.

Cuando Aditya y yo nos comprometimos y nuestras familias se estaban conociendo, me llamó un día para contarme algo divertido. Resultaba que sus tíos, que son hindúes punyabíes, estaban comentando que tendrían que tener cuidado con los chistes de *sardarji* que contaran porque no querían ofender a nadie de mi familia, sobre todo a mi padre. La respuesta de Aditya fue reenviarles unos doce chistes Santa Banta y decirles que procedían de su futuro suegro. A sus tíos les hizo mucha gracia.

En casos en los que otros enseguida se defienden, los sijes se ríen de ellos mismos. Se ha demostrado que la risa es buena para nuestra salud física y mental (los tíos y tías de tu vecindario que se ríen a carcajadas en un club de risa todas las mañanas lo atestiguarán).

La risa protege contra la enfermedad cardiovascular, libera hormonas que actúan como antidepresivos naturales y ayuda a los humanos a formar vínculos. El humor en la comunicación puede aliviar la tensión, mejorar tu estatus y ayudarte a convencer a la gente de tu punto de vista. No es de extrañar que los sijes tengan un gran corazón no solo por el *seva* y la valentía, sino también cuando se hacen bromas a su costa. Veamos cómo se originó esto y lo que ocurre cuando eres capaz de reírte de ti mismo.

¿Por qué se ríen los sijes?

De niña, me encantaba escuchar los *sakhis* de nuestros gurús y a menudo pedía a mi abuela que me los contara cuando me acostaba. Me gustaba sobre todo cómo denunciaba el gurú Nanak las normas mundanas de aquel entonces no solo con una sabiduría espiritual superior, sino también con un pelín de ingenio. En mi imaginación, cuando el gurú Nanak presentaba una forma revolucionaria de pensar y vivir a las personas en el siglo XV y XVI, lo hacía con un tono muy burlón. Los *millennials* de hoy en día llaman a esto dejar caer el micrófono.

Te daré un ejemplo de los extensos viajes del gurú Nanak. Estaba visitando un lugar de peregrinación en el Ganges y vio a unos peregrinos vertiendo agua hacia el sol para que pudiera llegar a sus antepasados sedientos en el cielo. Nanak se puso de espaldas al sol y empezó a verter agua en sentido opuesto. Cuando le preguntaron qué hacía, respondió con ironía que estaba echando agua en dirección a sus campos para regar sus cosechas que estaban más cerca que el sol (que era donde los peregrinos estaban intentando llegar a través de su ritual).

Los sijes suelen vivir con sencillez. Se enfrentan a la adversidad como todo el mundo, pero tienen la capacidad de ser felices y despreocupados (hasta cierto punto) a pesar de ello. Esta mentalidad podría ser atribuida a sus raíces agrícolas. Cuando dependes de las rachas imprevisibles de la naturaleza para vivir, aprendes a tomarte la vida con calma.

Otra teoría sugiere que las numerosas guerras libradas en su tierra y la experiencia del crecimiento postraumático condujo a reforzar el sentido del humor como mecanismo de defensa. Puede que los sijes quieran vivir felices porque no saben qué les deparará el futuro. «*Sannu ki?*» es una expresión punyabí popular que se traduce más o menos como «¿a quién le importa?». Los sijes pueden pasar horas hablando de algo o alguien que no aprueban y dejan de lado toda la negatividad con esta simple pregunta teórica y una risita.

Esta actitud también puede proceder de las escrituras: el Gurú Granth Sahib nos aconseja no suponer que viviremos para siempre y hacer que cada momento importe. ¿Qué mejor manera de hacerlo que reírse con los seres queridos? «La religión sij es una adaptación de religiones más antiguas como budismo, islamismo e hinduismo, y, en consecuencia, es una versión simplificada y refinada de estas», afirma Gursi Singh, fundador de la marca de ropa Lovebirds. «Hay una comprensión más profunda de la ligereza que otras religiones no tienen o han perdido por el camino. Nos dice que vivamos el momento, que nos riamos y que seamos felices y tengamos entusiasmo».

La risa se desarrolló como herramienta de evolución entre los humanos para conectarse los unos con los otros y, de este modo, sobrevivir y prosperar como especie. Un amigo íntimo mío, Rahul, perdió a su amigo de la infancia, que se suicidó durante la Covid-19. Cuando me puse en contacto con él para ver cómo estaba soportando el dolor, me dijo que se ponía a correr en la cinta mientras le caían las lágrimas por las mejillas y se obligaba a sí mismo a sonreír hasta que sonreía de verdad. La ciencia respalda esta estrategia porque el mero acto de sonreír activa reacciones químicas (libera neuropéptidos y neurotransmisores) en el cerebro que hacen que tu cerebro crea que eres feliz. Un estudio publicado en el *Journal of Experimental Psychology* revela que incluso hacer una sonrisa forzada puede mejorar el estado de ánimo.

Los sijes utilizan instintivamente el poder de curación del humor para construir resiliencia. Saben que no hay nada tan efectivo como reírse con los seres queridos para tranquilizar a un corazón triste. Por eso, se ríen de sí mismos y hacen que todas las personas a su alrededor se rían e incluso hagan bromas sobre sus cargas. Los sijes hacen *seva* con una sonrisa y sonríen para hacer *seva*. Para ellos, el humor está fuertemente interconectado con hacer el bien, **y la verdad es que cuando las buscas, por muy duro que haya sido el día, encontrarás muchas razones para sonreír.**

Ríete de ti mismo pero sé consciente de lo que vales

En la India, hay chistes sobre guyaratíes, musulmanes y malayalis, pero ningunos tan omnipresentes como los de *sardarji*. Gente de toda la India no duda en decir «no seas *sardar*» o «*Baarah baj gaye kya?*» (Literalmente, significa «¿ya han tocado las doce?». Se ve que los sijes se vuelven locos a esa hora). Sin embargo, la mayoría de los sijes se toman con calma esa burla de su intelecto.

La capacidad de no tomarse a ellos mismos demasiado en serio también está seriamente vinculada a la idea de autoestima de los sijes. Los sijes hacen una cantidad increíble de *seva* no solo por ellos mismos, sino por todas las comunidades de la India y para culturas de todo el mundo. Arriesgan la vida por los demás en el ejército o como parte de misiones de rescate en zonas de desastres. Abren las puertas de sus *gurdwaras* a personas de todas las fes, sobre todo en momentos de necesidad, como inundaciones y ataques terroristas.

Hacen todo esto a pesar de una historia de guerras con los mogoles, de experimentar la violencia relacionada con la Partición y de atrocidades como la masacre de Jallianwala Bagh, los disturbios de 1984 y los delitos de odio posteriores al 11-S. Están seguros de su idea de sí mismos, por eso, unos cuantos chistes no tienen el poder de afectarles sus egos. Si lo piensas, a los sijes se les da el nombre honorífico de «*sardarji*», con el sufijo «*ji*» después de «*sardar*» porque hay un respeto inherente en la India por nuestras obras y nuestras creencias.

«En comedia, existe el concepto de "pegar un puñetazo hacia arriba"», afirma el cómico de monólogos indio Vikramjit Singh, «es cuando haces un chiste sobre alguien más fuerte que tú porque puede encajarlo. Por eso los chistes sobre líderes políticos y celebridades son populares, porque tienen una posición privilegiada y la gente que está en la parte inferior del espectro toma prestado cierto poder al reírse de ellos. Según esta lógica, los sijes aceptan los chistes con calma porque son lo suficientemente fuertes para encajarlos. Son los débiles los que no aguantan una broma».

Tener un fuerte sentido de la autoestima se filtra en muchos otros aspectos de mi vida aparte del humor. Me valoro a mí misma, por eso me defiendo en las relaciones románticas y también exijo respeto para mis amigos y familiares, incluidos los ancianos. Después de años de duda, ahora pido un pago justo por mis textos porque tengo fe en una década de experiencia. No dudo en expresar disconformidad en conversaciones y reuniones porque creo que incluso mi opinión en contra de algo importa. No tengo problemas en invertir en mí misma ni en decir que no a la gente. Me ayuda a vivir con alegría y reunir el valor de hacer lo que tengo que hacer por mí misma.

Yo también hago estas cosas con un toque de humor. Por ejemplo, en mi juventud, mis amigos se reían porque me iba de las fiestas antes de medianoche para irme a la cama. En lugar de ofenderme, me tomaba aquella burla sobre irse a la francesa de las fiestas con felicidad. Yo misma decía que me iba sin dar explicaciones y bromeaba diciendo que enviaba mensajes de texto a mi marido desde el coche, como una anciana feliz con su mantita y lo difícil que es despedirse de forma racional después de que todo el mundo en la fiesta haya tomado varias copas. Todo el mundo ajustaba sus expectativas y todos nos reíamos juntos, en lugar de que ellos se rieran de mí o, peor, se rieran a mis espaldas.

Usa el humor para comunicarte mejor

La gran diferencia en cómo usan el humor los sijes es que lo emplean para comunicarse bien y construir relaciones.

Ser divertido construye confianza y también hace que las personas sean más abiertas a nuestro punto de vista. Bromear forma parte de la vida (con desconocidos en ascensores y turistas chinos en barcos, en momentos felices o duros, mientras bebemos algo con amigos o en conversaciones en nuestro lugar de trabajo). Muchos darán fe de que tienen un amigo o compañero de trabajo sij alegre que se ríe con facilidad y hace que los demás también se rían. Las profesoras Jennifer Aaker y Naomi Bagdonas han escrito todo un libro sobre esta cuestión titulado *Humor, seriously: Why Humor Is a Secret Weapon in Business and Life.*

«El humor es un elixir especialmente potente para la confianza», dijo Bagdonas en un pódcast de comunicación, «Cuando nos reímos con alguien, en persona o incluso a través de pantallas hablando por Zoom, lo que ocurre en nuestros cerebros libera la hormona oxitocina, y estamos básicamente preparados para formar un vínculo emocional con esa persona. Por cierto, la oxitocina es la misma hormona que se libera durante el sexo y el parto. En ambos momentos, desde la perspectiva evolutiva, nos beneficiamos de la intimidad y la confianza».

También resulta que no hay mejor arma para que alguien baje las defensas que el humor, según la investigadora Madelijn Strick y sus coautores que publicaron un trabajo titulado «Those Who Laugh Are Defenseless: How Humour Breaks Resistance to Influence» en el *Journal of Experimental Psychology.* Los mensajes enviados con humor son recibidos con menos escepticismo que los que no lo incluyen, de acuerdo con esta investigación. Te daré un ejemplo de mi familia. El marido de mi prima creció con su madre que pensaba que los hombres no deben entrar en la cocina. En una cena en mi casa, alguien le pidió que cogiera un cuchillo de la cocina, y su madre también estaba presente. La cara de ella no podía esconder lo horrorizada que estaba porque alguien pidiera al yerno de la familia que ayudara con algo doméstico. Pero nosotros simplemente convertimos aquel incidente en una broma y, como son punyabíes puros y duros, él todavía se ríe a carcajadas incluso hoy en día. Todos los miembros de la familia son más receptivos a la idea de que los hombres echen una mano con el trabajo doméstico cuando nos reímos en vez de discutir por ese tema.

Aunque se suela pensar que el humor no es importante o incluso que es inapropiado en entornos de negocios, la investigación apunta a algo distinto. «Muchas personas creen que el humor simplemente no tiene que existir en un trabajo serio», afirma Aaker. «Nos preocupa dañar nuestra credibilidad y que no nos tomen en serio. Sin embargo, en estudios a gran escala que hemos realizado y en estudios de otras personas, la gran mayoría de los líderes prefiere empleados con sentido del humor y creen que los empleados que lo tienen trabajan mejor. Mostrar tu sentido del humor puede hacer que los compañeros nos atribuyan aún más percepciones de confianza y estatus y nos voten para funciones de liderazgo».

Por lo tanto, en la sala de juntas o en un bar, ser divertido te ayudará a granjearte la confianza de los demás y tener más empatía con la gente. Forjar conexiones intangibles pero potentes hace que la comunicación sea más fructífera y derriba límites. Cuando nos relacionamos con las historias de otras personas, dar un paso más para ser amable, ayudar y hacer *seva* parece algo natural y alegre, y no solamente una obligación religiosa.

El humor como herramienta social

«El humor puede significar cosas distintas para personas y culturas distintas», afirma Vikramjit Singh. «Para algunos, es un mecanismo de defensa frente a la adversidad. Puede hacerlo todo, desde animar una amistad hasta hacer una relación más excitante, convencer a los consumidores e incluso amenazar a gobernantes».

Hace siglos, los bufones de la corte podían decir a los reyes lo que nadie más se atrevía a soltarles. En la sociedad contemporánea, los cómicos interpretan este papel cuando hacen comentarios políticos. El humor subversivo ha sido usado como herramienta contra regímenes opresivos durante siglos, y por eso los gobernantes y los gobiernos se sienten más amenazados por los cómicos que por los periodistas.

Cuando oyes a un cómico hacer un chiste sobre una idea que antes considerabas «sagrada» y reírte de ella, incluso esa cosa religiosa, moral o nacional se convierte en una idea durante un momento. Quizás no estés de acuerdo con ella, pero hacer el chiste planta la semilla en tu cabeza de que no es tan potente como tú pensabas. Y cuando te reíste había un acuerdo tácito e inconsciente con al menos parte de lo que decía el cómico. Por eso los gobernantes conservadores se sienten especialmente amenazados por la risa, porque tienen el potencial de quitar la cualidad de sagrado a las cosas, y, de este modo, pierden su poder sobre ti. Ejemplo de esto serían las reacciones de la derecha india a los cómicos. Sin embargo, a veces también se da la vuelta a la tortilla: en las elecciones de 2019 de Ucrania, el cómico Volodymyr Zelensky ganó la presidencia por una mayoría aplastante.

El dibujante Dashmeet Singh vive en Nueva Delhi, pero viajó a las importantes fronteras de Singhu y Tikri con el equipo que hacía un documental que cubría las protestas de los agricultores a escala nacional en 2021. Su testimonio da cuenta de cómo el humor puede ser un mecanismo de defensa para individuos y también da motivación y poder a movimientos sociales que cuestionan las políticas del gobierno.

«Si pasabas unas horas con estos agricultores, empezaban contándote sus quejas y descargando sus corazones», afirma. «Pero, con el tiempo, salían a relucir sus rasgos sijes. Los agricultores continuaron sus protestas por el duro invierno del norte de la India sin un techo sobre sus cabezas. Pudieron hacerlo por su resiliencia ante circunstancias duras y, con el tiempo, incluso empezaron a contar chistes alegres sobre sus condiciones adversas».

Pero, ¿cómo añadimos más humor a nuestra vida? Los expertos de este capítulo opinan lo siguiente:

1. **Ríete más:** De acuerdo con Aaker y Bagdonas, el paso más sencillo es ser más generoso con tu risa. «Creemos que, cuando vas por ahí a punto de sonreír, te sorprenderá cuántas cosas encuentras que te dan el empujón que te hace falta para esbozar la sonrisa», afirma Bagdonas. Esto es algo en lo que los sijes son buenos y es bastante fácil de implantar para cualquiera. Una historia divertida, un chiste o incluso ver a alguien reírse a carcajadas a menudo me provoca una risita o incluso una risa en toda regla.

2. **Fíjate en tu idiosincrasia:** Dashmeet Singh dice que su humor procede de examinar su propia vida. «Como artista, simplemente observo cosas con cuidado y las pongo en un lienzo», afirma. «Mis cómics documentan mi vida diaria y mis momentos felices. Todo el mundo tiene estas experiencias, pero los momentos son tan diminutos que la gente tiende a perdérselos. Los cómics son exagerados por naturaleza, pero mi trabajo siempre nace de al-

guna verdad de mi vida diaria». Si de verdad quieres ser una persona más divertida y hacer reír a los demás, dedica el día a hacer una lista de estas pequeñas cosas de tu propia vida. La mía sería algo así:

- Cuando me despierto, tengo más ganas de hacerme una taza de café que de desearle buenos días a mi marido.

- Me lavo los dientes después de desayunar, no antes, porque no soporto el aliento que huele a tortilla de *masala, dosa chutney* y cosas por el estilo.

- Cuando tengo hambre, me pongo gruñona, sobre todo justo antes de las horas de comer (de ahí que los que presenten una opinión contraria justo en ese momento puedan sufrir mi ira).

- Me niego a llevar reloj aunque siempre quiera saber la hora. En vez de ponérmelo, lo que hago es irritar a mis familiares y amigos preguntándoles la hora todo el rato.

- Quiero tanto a mi botella de agua como a mi primer hijo.

- Soy horriblemente torpe, a menudo rompo cosas y me doy con los dedos del pie y los codos contra los muebles simplemente andando por casa.

3. **Haz que tu desgracia sea divertida:** Este es mi granito de arena; el humor que se ríe de uno mismo procede de tener una alta autoestima, como hemos

comentado, pero también tiene un papel crucial a la hora de mantener tu ego a raya, una de las preocupaciones principales de Nanak. Las personas que se pueden reír de sí mismas en lugar de avergonzarse cuando cometen alguna torpeza en público normalmente están bien ajustadas. Sabes que son tan grandes o pequeños como los demás, pero son entrañables porque se hacen más humanos a ojos del público. Por eso, el humor puede convertirse en una herramienta para asumir riesgos, cometer errores y hacer amigos.

Los seis meses después de dar a luz, sufrí de ansiedad postparto, que hizo estragos en mi matrimonio, mi carrera profesional, mis relaciones y mi personalidad. Como el humor respecto a mí misma me sale sin pensar, al poco tiempo, empecé a bromear sobre las hormonas revolucionadas, los cambios de humor y las noches de insomnio. Hablé de estas cosas en Instagram, comparando la respiración ruidosa de mi bebé con la banda sonora de una jungla o cambiar de personajes de madre cariñosa a señora enfadada en una pasada. Reír y llorar a la vez empezó a ser el proceso de curación para mí. La gente empezaba a buscarme para reírse conmigo, pero también me hacían preguntas o me contaban que admiraban mi humor y mi franqueza. Ahora, formo parte de una comunidad *online* de madres que viven el circo diario, igual que yo.

Aprende a reírte de ti mismo como hacen los sijes. Te mantendrá sano, desarrollarás resistencia a la adversidad e incluso te hará popular por las razones adecuadas.

Regla número 6:
Practica la igualdad en casa

.

Si nunca has comido *langar* en un *gurdwara*, apúntatelo. En la India hay muchísimos, por supuesto, pero las comunidades sijes han construido *gurdwaras* en todos los rincones del mundo en los que se han establecido, desde Parma (Italia) hasta Katong (Singapur). Nunca olvidarás la salpicadura caliente de *kali dal* cayendo en tu plato y las *sevadars* insistiendo en que comas un poco de *kheer* aromático antes de irte. Son los sabores de mi infancia.

Todos los domingos, después de rezar en el piso de arriba del *gurdwara*, íbamos al salón del *langar*, todo el mundo se sentaba junto en el suelo y esperaba a que le sirvieran. Había música de *kirtan* como telón de fondo y pequeños niños y niñas sijes que entraban con cubos de comida, sonrisas fáciles y gritaban «Parshada ji» (pan *roti*) y «Dilkhush ji» (ensalada). Yo volvía a casa con el estómago y el corazón llenos.

Los sijes se enorgullecen del hecho de que personas de todas las castas, niveles económicos y afiliaciones religiosas se sienten en el suelo para comer juntas. De niña, presumía con mis compañeros de escuela de que los millonarios y los mendigos comían codo con codo en mi lugar de culto. Yo siempre tenía curiosidad por ver quién estaría sentado junto a mí durante el *langar*.

A veces, era una familia sin hogar que llevaba todo el día sin comer. Otras, veía a una señora del vecindario cargando su *tiffin* para no tener que hacer la cena. Una vez, mi madre comió sentada espalda con espalda con la persona que nos ayudaba en casa, y, cuando yo era adolescente, me senté junto a un mochilero australiano al que expliqué el concepto de *seva* y cada uno de los platos que servíamos. No importaba quiénes éramos ni de dónde veníamos. Mientras duraba la comida, éramos una hermandad.

La organización del *langar* demuestra de forma espléndida lo arraigada que está la idea de la igualdad en los escritos y la cultura de los sijes. Los sijes no diferencian mucho a las personas. Nunca se rechaza a alguien porque pertenezca a las consideradas castas inferiores ni a quienes tienen hambre y carecen de casa. Las mujeres no están obligadas a cubrirse ni a señalar su estado civil. De hecho, la obligación de nuestra identidad visual recae más en los hombres, por los turbantes y las barbas que lucen.

No está prohibido entrar en el *gurdwara* si estás menstruando. Para mitigar la desigualdad de ingresos, el Gurú Granth Sahib sugiere dar *dashwant*, es decir, donar el 10 por ciento de nuestros ingresos a obras benéficas. Por lo tanto, los sijes son generosos con sus *gurdwaras*, que utilizan esos fondos para la comida del *langar* y para montar campamentos médicos.

Esto es destacable porque incluso individualmente, las personas deben trabajar para que el trato sea igualitario. Es mucho más fácil hablar sobre cómo practicar la igualdad en la sociedad en general que comprometerse de verdad y vivirla en tu propia casa.

Cuando rascamos la superficie, resulta que ser filantrópico o defender la igualdad a nivel general y de sociedad, en algunas formas, es más fácil que llevarla a cabo constante y sistemáticamente en casa. Cuando tenemos que enfrentarnos a nuestros prejuicios en nuestros espacios y relaciones personales, mirarlos a los ojos puede ser mucho más difícil. Tratar a las personas por igual sin importar su religión, nivel económico, género, raza y clase es una enseñanza poco común para una religión mundial; yo diría que el sijismo es como es precisamente por esta idea. **La aceptación de que todos los seres humanos son iguales y dignos es lo que hace que los sijes ofrezcan tanto bien al mundo.**

¿Por qué es importante para nosotros ser iguales como individuos y como sociedad? Hay mucha investigación que señala que las sociedades igualitarias tienen mejor salud física y mental. Mira las estadísticas de las enfermedades provocadas por el estilo de vida, los problemas de salud mental y las tasas de suicidio, o habla con la gente que te rodea. Vivimos en un mundo que siempre está conectado, pero la gente sigue sintiéndose sola.

Lo que resulta un poco sorprendente es que el mero crecimiento económico no pueda resolver este problema.

Los estudios muestran que la riqueza material mejora la salud y la felicidad de las personas, pero solo hasta cierto punto. Aunque los bienes y servicios públicos como vacunas y el acceso a comida y agua potable segura estén directamente relacionados con el bienestar de países y sociedades, cuando se cubren nuestras necesidades básicas y llegamos a cierto nivel de riqueza, el dinero no nos puede aportar más felicidad. Pero la igualdad, sí.

El sueño del igualitarismo de Nanak

El gurú Nanak sabía por instinto los beneficios de la igualdad siglos antes de que la ciencia o los estudios sociales apoyaran la idea. Se dice que Nanak logró la iluminación después de desaparecer en el río Beas durante unos días. Cuando salió, las primeras palabras que dijo fueron «*Ik Omkar*», es decir, hay una divinidad y está conectada a todo el universo, lo que incluye a todos los seres humanos. La comunidad sij cree totalmente en esta idea. Creer en la igualdad y practicarla te ayuda a aceptar al «otro» como a ti mismo. Nos ayuda a formar parte de una hermandad humana y, de este modo, nos motiva a prestar servicios de forma altruista.

«Los sijes rezan a diario por el *Sarbat da Bhala*, es decir, el bienestar de todos, y la fe reconoce a toda la humanidad como una», afirma Ravi Singh, fundador de Khalsa Aid, una organización humanitaria conocida por enviar equipos de primera respuesta a lugares que han sufrido catástrofes naturales o provocadas por el hombre como inundaciones, terremotos, hambrunas y guerras. Para él, el *seva* **surge naturalmente cuando tratamos a las personas equitativamente** o cuando, como dijo Nanak, aceptamos al otro. «Solo cuando vemos a todo el mundo como a uno y tratamos a todo el mundo con respeto y dignidad independientemente de raza, religión o fronteras, puede haber un servicio altruista sin expectativa de recompensa».

El gurú Nanak fue bastante contracultural. Su visión de una comunidad sin clases amenazó el sistema predominante de castas y las todopoderosas monarquías. Las semillas del conflicto entre sijes y mogoles se habían sembrado debido a esa idea igualitaria. Nuestros gurús posteriores se aseguraron de que el sijismo fuera diverso en sus orígenes y quizás por eso está abierto a tratar por igual a personas de toda clase de orígenes. En el espíritu de la inclusividad, el sijismo incorporó versos de santos hindúes y místicos musulmanes en el Gurú Granth Sahib, que fue escrito originalmente en numerosos idiomas, como sánscrito, urdu y persa.

Cuando el décimo gurú sij, Gobind Singh, inició la orden Khalsa, se aseguró de que sus hombres llevaran turbantes y les dio el nombre de *singh*, que significa león. En aquella época, solo los líderes del ejército mogol llevaban turbantes y los rajputs utilizaban el título *Singh*, pero el gurú Gobind Singh quería que esta identidad visual y esta nomenclatura fuera común entre sus hombres. Dentro de la orden Khalsa, los hombres pertenecientes a las castas más bajas a menudo eran ascendidos a puestos de liderazgo, algo muy poco habitual en el siglo XVII.

Mujeres como Mai Bhago, Jind Kaur, Sada Kaur y Bibi Sahib Kaur lucharon junto a los hombres, primero contra el ejército mogol y posteriormente contra los británicos en el Punyab sin dividir. «Los cimientos del Darbar Sahib [Templo Dorado] se deben al *pir* musulmán de Lahore», me recordó la escritora Tavleen Singh cuando le pedí que opinara sobre esta cuestión. «Nanak tuvo una influencia fuerte de los santos sufíes y me atrevería a decir que el sijismo es la única religión sufí del mundo. Sin embargo, todos nuestros gurús nacieron hindúes. Los orígenes en sí de la fe son de una mezcla de tradiciones».

Tavleen continuaba diciendo: «En la época en la que era posible, yo cruzaba de Lahore a Amritsar en coche. Iba con una amiga pakistaní. Me dijo que nunca había visto el Templo Dorado, así que la llevé a visitarlo. Cuando nos arrodillamos delante del Gurú Granth Sahib, ella rezó sus oraciones musulmanas. Pero lo sorprendente fue que nadie en el *gurdwara* se inmutó al ver a una mujer musulmana diciendo su *namaz* en una *gurdwara* sij».

Sakhi: Bhai Kanhaiya, el verdadero sij

Un *sakhi* que ilustra el compromiso del gurú Gobind Singh con la igualdad aparece en el siglo XVII cuando las luchas entre los sijes y los mogoles se habían intensificado. Al atardecer, cuando ambos ejércitos habían anunciado el alto el fuego ese día, un sij llamado Bhai Kanhaiya fue al campo de batalla, que estaba sembrado de cadáveres, y apagó la sed de los soldados heridos con su *mashak* (bolsa de agua), sin hacer distinciones entre soldados sijes y mogoles.

Eso enfureció a los soldados sijes porque la ciudad había sido sitiada y la comida y la bebida eran escasas. Los soldados llevaron el asunto al gurú Gobind Singh porque consideraban que Bhai Kanhaiya era un traidor. Cuando le pidieron explicaciones por lo que había hecho, Bhai Kanhaiya se limitó a decir que estaba observando las orientaciones de Nanak de aceptar al otro (en ese caso, al enemigo) como a sí mismo y hacer *seva* para ellos. El gurú Gobind Singh se quedó tan emocionado por su respuesta que alabó a Bhai Kanhaiya en lugar de castigarlo y dejó que siguiera haciendo *seva*.

¿Cómo se defiende la igualdad? Es una gran pregunta. Cuando hablamos de igualdad, nos referimos a las relaciones entre hombres y mujeres, ricos y pobres, a las clases altas y bajas. En última instancia, ejercer presión para lograr políticas de igualdad y más representación en el gobierno es clave para hacer cambios en la sociedad a mayor escala. Sin embargo, cada uno de nosotros puede lograr un cambio real a nivel de base. Solo cuando practicamos la igualdad con nuestra propia pareja, hijos, hijas, nueras, familiares y personas que trabajan con y para nosotros a todos los niveles podemos defenderla ante otras personas.

Si lo único que podemos controlar realmente es nuestro propio comportamiento dentro de casa, empecemos por ahí.

Cómo abordar la preocupación principal: el trabajo doméstico

Una de las mayores manifestaciones de la brecha de género se da en la familia, concretamente, en la parte del trabajo doméstico que hacen hombres y mujeres. Es imposible defender la igualdad sin abordar este tema. Cada vez más, los hombres de la India y de todo el mundo quieren igualdad en el lugar de trabajo para ambos sexos e incluso defienden la igualdad salarial, pero en un patrón contradictorio, no están dispuestos a compartir los quehaceres domésticos. Existe un fuerte sesgo cultural por el que los hombres deben llevar un sueldo a casa y no hacer nada para ayudar con las obligaciones del hogar.

La cantidad de quehaceres domésticos que hacen los hombres en comparación con sus esposas, madres, hermanas e hijas es increíblemente pequeña. De acuerdo con un informe de 2020 de la Oficina Nacional de Estadística, la mujer india media dedica 243 minutos (alrededor de cuatro horas) al día a tareas del hogar. En cambio, el hombre medio dedica 25 minutos. ¡Eso es una décima parte respecto a las mujeres! En Gran Bretaña, las mujeres ha-

cían el 60 por ciento más de tareas del hogar no remune-
radas que los hombres (de acuerdo con la Oficina Nacional de Estadística en 2016). En los Estados Unidos, las
mujeres hacen el doble de tareas del hogar y cuidado de
los hijos que sus homólogos masculinos (de acuerdo con
un trabajo de 2012 de la revista académica *Social Forces*).
En consecuencia, los hombres tienen más tiempo para actividades como trabajar, estudiar y, sí, incluso para el autocuidado.

¿Cuál es el precio que pagan las mujeres por esto? No
encuentran el tiempo necesario para trabajar en puestos
que ofrecen sueldos más elevados. A veces, no encuentran
tiempo para trabajar en absoluto. El hecho de no aportar
ingresos les impide tomar decisiones como un igual en su
propia familia y perpetúa un círculo vicioso. Además, esto
tiene un efecto tangible también en su salud física.

**El 71 por ciento de las mujeres de la India duerme
menos que sus maridos debido a los quehaceres domésticos,** y muchas siguen trabajando cuando están enfermas,
embarazadas o durante el postparto. En las zonas rurales,
estos efectos se ven exacerbados porque las mujeres dedican incluso más tiempo a buscar agua y preparar comida
en hornos de leña o queroseno. En definitiva, para tener
igualdad en el hogar, necesitamos que los hombres echen
una mano con los quehaceres domésticos o, como mínimo, más de lo que hacen en la actualidad.

Hablé con algunos sijes que son la igualdad personifi-
cada en sus relaciones en casa.

Mi compañera de trabajo Harman Kaur está casada con Inderpal Singh y viven en Gurgaon (India). Crecieron viendo a sus madres hacer la mayor parte de los quehaceres domésticos, pero eligieron algo distinto para ellos. «Los dos tenemos trabajos a jornada completa fuera de casa, así que lo lógico es que los dos ayudemos con los quehaceres domésticos», afirma Kaur. «En los primeros meses después de la boda, me sentía obligada a cocinar, pero, la verdad, para mí era una tarea ingrata y la comida que hacía era mediocre en el mejor de los casos. En cambio, a Inderpal le interesan los productos frescos y las técnicas de cocción, así que ahora él se ocupa de hacer la cena y los dos somos más felices así. Yo hago la compra, superviso a la persona que limpia en casa y a cualquiera que repare cosas en casa». Este desafío a los roles tradicionales fue motivado por una lógica pura y por un sentido práctico en su caso. Harman es la envidia de las demás mujeres de su familia por no tener que entrar demasiado a la cocina, pero ella le quita importancia al asunto. «¿Qué importa si él cocina y yo consigo que reparen la TV? Los dos somos seres humanos, o sea que podríamos dividir el trabajo basándonos en nuestras personalidades y habilidades».

El primo de mi madre, Jaspreet Singh Dhody, está casado con Prabhjyot, y a ellos también les va muy bien un sistema flexible: los dos arriman el hombro cuando la persona que limpia libra o hay más trabajo que hacer en casa. Los dos trabajan fuera de casa y son padres y han dividido las tareas del hogar desde el principio de su matrimonio.

«Las palabras de felicitación y ánimo de tu cónyuge sobre cómo hacer malabarismos con la carrera profesional, la crianza de los hijos y las tareas domésticas contribuyen en gran medida a aligerar la carga», afirma Prabhjyot. «Los dos nos alabamos abiertamente por el apoyo».

El hermano de otro amigo, Jasmeet Singh Hanspal, está casado con India, una mujer sij que creció en el Reino Unido. India se fue a vivir a Mumbai después de casarse con Jasmeet, y viven con la familia extensa de él. Ambos cónyuges trabajan fuera de casa y tienen dos niños. A menudo, los trayectos para hacer la compra semanal se convierten en excursiones para los hijos.

Tareas domésticas como la colada y sacar el polvo son una actividad familiar. India reconoce que los mayores de la casa se sorprendieron al ver a su hijo y nietos haciendo tareas domésticas y que incluso intentaron hacerlas por él cuando era el marido quien las hacía. Pero la pareja encontró su equilibrio gracias a sus conversaciones frecuentes sobre cómo dividir el tiempo durante la semana e incluso discusiones más grandes sobre qué ejemplo quieren dar a los niños. Ahora, su hijo a veces dice a Jasmeet: «Venga, papá, vamos a ordenar la habitación».

Esposas, madres y suegras vigilando de cerca a hombres que hacen tareas del hogar no es algo infrecuente en la India. Pero incluso cuando los hombres no son novatos en los quehaceres domésticos, son lo suficientemente inteligentes para averiguar cómo hacer las cosas por sí mismos. Fue alentador saber que hay mujeres mayores (sijes y no sijes) que dejan que sus hijos y nietos les ayuden con las tareas domésticas sin inmutarse.

Mi excompañera de trabajo Romaljit Kaur Banga está casada con Ranjit Singh Banga, y tienen un hijo de seis años. La familia extensa de Ranjit hace las tareas domésticas y también ayuda a cuidar al niño. Ambos cónyuges trabajan, y después de la jornada laboral, comparten la carga familiar por igual. Todas las mujeres de la familia extensa animaron a Ranjit a cambiar pañales y alimentar al bebé. Otra amiga de la familia, Rixi Bhatia, está casada con Rajiv, que procede de una familia de fe mixta. La pareja vive con los padres de Rajiv y la suegra de Rixi no deja que su suegro haga ninguna tarea doméstica. Sin embargo, Rajiv y Rixi se dividen las tareas y los recados 50–50, y su suegra fomenta esta colaboración entre los dos en el trabajo de casa, lo que posibilita una situación vital compatible para todos.

Estas son algunas cosas que extraje de estas conversaciones:

- Mantened conversaciones empáticas sobre cómo creció cada cónyuge y comentad qué organización haría feliz a vuestra familia.
- Cread un sistema. Podría ser una división clara de tareas o de hacer las cosas en común.
- Compartid la carga mental, no solo la física.
- No os vigiléis mutuamente. Lo que hay que hacer es alabarse y animarse el uno al otro con frecuencia.

- Sed flexibles: reflexionad y revisad las cosas en función de vuestras personalidades y las situaciones.

Cómo educar a niños feministas

No digo que todas las familias sijes practiquen la igualdad en casa porque no es así. Todos los sijes no son perfectamente igualitarios en su comportamiento, pero quizás estén más abiertos a la idea porque sus gurús les han enseñado a estarlo. Lo practican regularmente sentándose en el suelo y comiendo *langar* con todo el mundo, vengan de donde vengan. Cuando hablé a estas parejas sobre la evolución de la igualdad en sus relaciones, apareció un hilo común.

En general, atestiguaban que sus casas y sus roles se hacían más igualitarios cuando tenían niños. Se reconfiguraban los roles de género tradicionales y la contribución de los hombres al trabajo doméstico aumentaba significativamente cuando tenían hijos. Quizás fuera el amor por la descendencia lo que hacía que esos padres aceptaran el trabajo doméstico o el hecho de que toda la familia era consciente de que las mentes jóvenes observaban y absorbían el comportamiento de sus padres. En cualquier caso, no veo nada malo en ello. El cambio que viene de un lugar positivo tiende a ser más real y duradero y dar un buen ejemplo para las generaciones futuras es una gran parte de ser el cambio.

Cuando Aditya y yo decidimos empezar una familia, hablé con él sobre cómo ser padres igualitarios. Hablamos sobre el permiso de paternidad, los padres cuidadores y quién se cogería un día libre en el trabajo cuando un niño se pusiera enfermo. Desde la llegada del niño, mi marido se encarga de él por las tardes, las noches y los fines de semana. De esta forma, yo he podido escribir este libro y tener algo de descanso y de tiempo libre. Él también opina sobre las numerosas decisiones diarias que tomo como madre, para que yo no sienta que soporto sola la carga mental de la crianza.

Intentamos crear un entorno neutro en cuanto al género para nuestro hijo y para nuestros sobrinos y sobrinas adolescentes, a los que estamos muy unidos. Todo contribuye. Mis sobrinos ven a mi marido poner la mesa para cenar y servir la comida y entonces hacen lo mismo. Mis sobrinas me ven pedir igualdad y saben que ellas pueden prosperar en la vida profesional y conseguir ayuda para encargarse de la casa. Azad crecerá viendo a su padre participar equitativamente en la crianza y sin tener reparos.

Si queremos dejar de perpetuar el ciclo de desigualdad dentro de la familia, es clave ofrecer modelos de comportamiento para la siguiente generación. Uno de mis objetivos es educar a un niño feminista, y como este tema me apasiona, pongo atención en estas tres cosas:

- **Contenido:** Los libros ilustrados con protagonistas femeninas son los favoritos en nuestra casa. Tanto

Aditya como Azad llevan mucho rosa y les gusta jugar con muñecas. Para saber qué consumen los chicos mayores *online*, saco temas espinosos como el consentimiento, el movimiento #MeToo y la pornografía. Pregunto a las chicas qué significa decir que alguien es mariquita o un pelele.

- **Emociones:** Nunca digo a mi hijo ni a mis sobrinos que no lloren como una niña. Les digo que expresen sus sentimientos y que estoy ahí para ellos. A mis sobrinas, les digo que es mejor que las lágrimas estén fuera que dentro. Tengo una amiga que suele preguntar a su hijo si quiere llevar pendientes o vestidos y, aunque responde que no siempre, ella me ha inspirado a hacer lo mismo con Azad. Quiero que él acepte su lado femenino a pesar del condicionamiento social que experimentará inevitablemente.

- **Roles:** Fomento que los niños y las niñas cuiden de sí mismos, pero también de los demás. Mi prima Gudiya Kaur Chadha asignó tareas del hogar a su hijo y a su hija durante el confinamiento del año 2020. Cuando su hijo se quejó por tener que doblar el sostén y las braguitas de su hermana al recoger la colada, ella le explicó que esas prendas eran lo mismo que la ropa interior masculina. Su hermana estaba echando una mano limpiando la casa para toda la familia, así que él también tenía que poner de su parte.

Una tradición feminista

Toda mi vida he exigido igualdad de género a mi familia. En mi adolescencia, pregunté a mi familia (para su gran sorpresa) por qué no bromeaban sobre si yo tenía novio y en cambio siempre comentaban si mi hermano tenía novia. En mi matrimonio, exigí tanta libertad como la que disfrutaba mi marido. Cuando mi hijo nació, anunciamos que llevaría tanto el nombre de su padre como el de su madre.

A veces, me pregunto si esta actitud está relacionada con ser una *sardarni* o con ser la nieta de mi abuela. Mi *nani* abandonó un mal matrimonio en 1957 y volvió a vivir a casa de sus padres cuando estaba embarazada de ocho meses. Crio a mi madre como madre soltera en una época en la que había un fuerte estigma social respecto al divorcio. Gran parte de quién soy yo se basa en la historia de su vida, pero, si doy otro paso atrás, quizás tanto mi fuerza interior como la de mi abuela están relacionadas con el sijismo.

Crecer con una igualdad de género relativa hace que pongamos el listón muy alto en el mundo. Por ejemplo, los nombres sijes son de género neutro. Una vez recibí una invitación a una boda en la que la novia y el novio se llamaban igual: Gurmeet. Hay algo poderoso en esta identidad conjunta, ¿no?

En el siglo xv, Nanak dijo: ¿Por qué condenar a las mujeres, que dan a luz a reyes y líderes? El movimiento

Singh Sabha, que fue crucial en el resurgimiento de los sijes en la década de 1870, denunció las antiguas y sexistas tradiciones indias de la época como el sistema *purdah* (que exige a las mujeres que se pongan velo), *sati* (la práctica que consiste en que las viudas salten a las piras funerarias de sus maridos para acabar con su propia vida), el maltrato de las viudas, la práctica de la dote y el gasto desorbitado en las bodas (la carga financiera suele recaer en la familia de la novia).

«El gurú Gobind Singh fue un feminista temprano, así que, cuando creó la orden Khalsa, las mujeres y los hombres recibieron los mismos nombres a los que se añadió *Singh* y *Kaur*», explica Tavleen Singh. «Incluso en mi propia infancia, nunca pensé que era menos que mi hermano. Mi formidable abuela medía 1,76 (una verdadera mujer sij *jatt*) y ella no hacía distinciones entre mis dos hermanas, mi hermano y yo. A los cuatro nos decían que teníamos que ser muy valientes y fuertes. De hecho, una de mis hermanas hacía papilla a nuestro hermano y a otros primos. La idea de que las *sardarnis* son fuertes viene de la estirpe de mujeres sijes que se preparan para la batalla desde los días del gurú Gobind Singh».

Mi última idea sobre cómo practicar la igualdad es una pequeña anécdota de mi boda. Durante la ceremonia del *gurdwara*, una tía anciana se colocó detrás de mí. Insistía en darme palmaditas en la espalda cada vez que teníamos que ponernos de pie y volvernos a sentar. Uno de los rituales de las bodas sijes es que la novia y el novio hacen *laavan pheras* (dar vueltas alrededor del libro sagrado) y los sacerdotes cantan himnos melodiosos. En una de las *laavan pheras*, sin querer, caminé por delante de mi marido y ella tiró de mí hacia atrás porque la tradición exige que el novio pase antes que la novia. Después, el *granthi* (sacerdote) que oficiaba la boda la regañó y le dijo que Aditya y yo somos iguales a ojos de Dios y que ella no tenía que ayudarnos en la simple acción de levantarnos y sentarnos. Él insistió en que no era incorrecto que yo hubiera pasado delante del novio. Y todos nuestros amigos y familiares en la ceremonia vieron el brillo en mis ojos cuando dimos la última vuelta y era yo quien la dirigía.

Los sijes multiculturales

El coronel Manjeet Singh del ejército indio creció viendo a su padre, el comandante Niranjan Singh, participar por igual en las tareas domésticas. Esto tuvo un impacto notable en cómo aborda toda la familia la igualdad étnica y de género. Sus cuatro hermanos y él están casados con mujeres que son sij, sij-asamesa, católica y parsi y tienen niños que pertenecen a muchas culturas y religiones. Esta familia sij trasladó sin ningún esfuerzo la igualdad de género en el hogar a aceptar la diversidad religiosa en sus decisiones vitales (de forma parecida a lo que hacen los sijes cuando se sientan a comer *langar*). Hablé con él sobre cómo es estar casado con su esposa, June Mendes, que es católica, y sobre cómo practican la igualdad en su familia.

P: ¿Tus padres se oponían a los matrimonios interreligiosos?

Mi padre fue el presidente fundador de dos *gurdwaras* en Goa, pero no tenía dudas sobre que sus hijos se casaran con mujeres de otras religiones. Él dio ejemplo de igualdad en casa ayudando a mi madre con las tareas domésticas y siendo un padre muy igualitario con sus cuatro hijos. Cuando ella preparaba nuestras *tiffins* por la mañana, él nos limpiaba los zapatos para el colegio.

La primera vez que le dijimos que mi hermano menor quería casarse con Roxanne Dalal, una parsi de Mumbai, él la aceptó y fue receptivo a la idea de la boda. Mi madre tenía un poco de aprensión, pero él se limitó a decir: si educas a tus hijos en sitios cosmopolitas como Mumbai y Goa, les tienes que dar la libertad de elegir con quién compartirán la vida.

P: ¿Cómo sobrellevas los momentos difíciles en tu matrimonio con una católica?

Mi esposa y yo nos mantenemos alejados de debates religiosos agresivos, pero hemos aceptado completamente nuestras culturas. Yo crecí en Goa, por lo que conozco la cultura y el idioma konkani bastante bien, y puedo cantar himnos y canciones tradicionales. Mi esposa lleva *kurtas* tradicionales al *gurdwara* y le encanta la comida punyabí. Nuestros dos hijos, Gurkirat y Simray, son sijes y nuestra hija, Penny, católica. Yo diría que en sus corazones, son ambas cosas. Mi sobrino es sij con rasgos de Asam. Respetar todas las religiones, culturas y géneros es una tradición que viene de lejos en nuestra familia.

P: ¿Alguna vez has sentido presión de la sociedad debido a tu familia anormalmente diversa?

Miembros de mi familia extensa han bromeado apodándome «sij cristiano» pero yo les digo: lo que importa es que soy sij. He estado en disparos transfronterizos, campos llenos de minas terrestres y situaciones potencialmente mortales y he salido vivo por mi fe. Mi primer destino fue Pamalpur, y fue la primera vez que me pidieron que hiciera un *aarti* (un rezo ritual), ¡quedó registrado en mi historial que un hombre sij hizo un *aarti* hindú cantando un himno cristiano porque era el único que me sabía en aquel momento!

Yo vivo la vida basándome en enseñanzas de nuestros gurús sijes. El gurú Gobind Singh Ji dijo al mundo: «*Manas ki jat sab ek pehchano*». Esto significa reconocer que toda la humanidad es un caso único de humanidad. Para mí, esto quiere decir practicar la igualdad en casa. Incluso en el rezo *Japji Sahib*, Nanak dijo: Acepta a todas las personas como tus iguales y deja que sean tu única secta.

Regla número 7:
Trabaja más duro de lo
que rezas

Unos de los tres postulados clave de Nanak es el *kirat karo,* es decir, trabaja duro y gánate la vida de forma honrada. Como tenía curiosidad por ver si los *sardars* y *sardarnis* contemporáneos son especialmente trabajadores y sinceros, hice un pequeño experimento. Envié un mensaje por WhatsApp a unos 25 amigos y compañeros de trabajo en el que les pedía que me dieran ejemplos de sijes especialmente trabajadores a los que conocieran personalmente o de los que hubieran oído hablar. A menudo pido este tipo de recomendaciones para trabajar; hago encuestas informales para encontrar a candidatos para una entrevista y recomendaciones de viaje a través de mi red de contactos. En comparación con todas las veces anteriores, la respuesta a mi solicitud de sijes especialmente trabajadores fue abrumadora.

Me inundaron de perfiles de sijes corrientes que destacaban en sus campos y de sijes conocidos que inspiraban a gente de todas las religiones (como Rupinder Singh Sodhi, CEO de Amul, pero también mi amigo Surinder Singh Kainth, especialista en cadena de suministro global en Pratt & Whitney, Connecticut). En realidad, fue una sorpresa y a la vez no lo fue. Me sorprendió que otras personas recordaran a los sijes más allá de los llamativos turbantes y los chistes Santa Banta. Pero no me sorprendió porque, **aunque todos los padres indios digan a sus hijos que trabajen duro y prosperen, a los sijes, su religión les instruye para que lo hagan**.

En los siglos XV y XVI, Nanak buscó un camino alternativo porque no estaba de acuerdo con el sistema de castas y la monarquía, ya que estaban basados en el nacimiento y la jerarquía y no en ninguna cualidad demostrable. En el primer centro sij de Kartarpur, todo el mundo de la comunidad tenía que labrar su tierra y trabajar para ganarse la vida, y Nanak dio ejemplo haciéndolo él mismo.

Incluso cuando llegó la hora de elegir sucesor, en lugar de optar por uno de sus propios hijos, seleccionó a su adepto más válido, Bhai Lehna, a quien puso el nombre de gurú Angad (que significa «parte de mi cuerpo»). Aquello fue un movimiento extraordinario e incluso creó cierto malestar dentro de la comunidad. Pero ateniéndose a sus enseñanzas clave de trabajo duro y habilidad probada, Nanak dio un ejemplo de que *sardars* y *sardarnis* se toman en serio.

En la fe sij, no se anima a los devotos a negociar con Dios para conseguir lo que quieren sino que simplemente se les dice que trabajen duro. Los sijes no ayunan durante días ni se arrastran en santuarios ni suplican perdón, ni a gurús humanos ni a la presencia divina, porque se les ha mostrado el camino: simplemente, trabajar duro. No creen en la superstición ni esperan fechas propicias, sino que el día que trabajan duro ya es lo bastante propicio.

Incluso cuando algo se tuerce, no adoptan una mentalidad de víctima, sino que vuelven directamente al trabajo. Una historia especialmente conmovedora fue la del doctor sij canadiense, Sandeep Singh Saluja. Observa la fe sij y, por eso, siempre lleva turbante y se deja crecer la barba. Pero al principio de la pandemia de Covid-19, tomó la difícil decisión de afeitarse la barba para poder llevar la mascarilla N-95 de forma adecuada y seguir viendo a pacientes. El virus afectó notablemente a su vecindario y Saluja consideró que su deber era luchar en primera línea de la pandemia, como médico y como sij.

El Punyab, donde se concentran la mayoría de los sijes de la India, experimentó una enorme prosperidad tras la independencia. Con su suelo fértil y un sistema de riego sólido, el Punyab lideró la Revolución Verde del país, y se convirtió en un modelo para que otros estados indios fueran autosuficientes. Los sijes pudieron verificar el postulado de Nanak de *kirat karo* (trabajar duro) porque habían visto que trabajar duro en los campos puede conducir a la seguridad económica y a una buena vida.

Incluso han migrado a sitios lejanos como California, Vancouver y Melbourne para suplir la escasez de mano de obra y hacer el trabajo duro que los lugareños rechazan. Han reconstruido la vida, creado comunidades y les ha ido bien en todo el mundo y son conocidos por ser una de las comunidades de expatriados con más éxito del planeta.

Ganarse la vida de manera ética era una gran parte del mensaje del gurú Nanak, por lo que los sijes, además de trabajar duro, también se espera que sean honrados en sus negocios y en su vida profesional.

Esta ética de trabajo también da forma a sus personalidades y filosofías. Creemos que el trabajo duro y honrado da frutos, así que aplicamos este aprendizaje a todos los aspectos de nuestra vida. Movemos el trasero y hacemos un *seva* inmenso por los demás. Trabajar duro y hacer *seva* para los demás es algo natural para los sijes. Para mí, estas dos cosas también tienen una fuerte conexión emocional. El *seva* beneficia tanto a la persona a la que sirve como a los sijes que lo hacen y refuerza aún más el poder de trabajar a mano. El brillo o la calidez que he experimentado haciendo un servicio altruista es similar a estar en estado de *flow* al escribir bien.

Esta práctica de trabajar duro ayuda a *sardars* y *sardarnis* a ponerse en marcha en muchos frentes. En vez de esperar a que pase la vida, sabemos que trabajar en las cosas da frutos. Por eso, podemos sacudirnos la inercia y superar obstáculos y aceptamos la alegría, reunimos valor y nos recuperamos de la adversidad, etc. Aunque estas cosas no siempre sean fáciles, sabemos que trabajar duro para empaparse de ellas merecerá la pena. Ser sincero en los negocios y en el trabajo también nos ayuda a mirar el mundo y nuestra vida interior a través de un filtro de sinceridad. El valor del *kirat karo* forma parte de la razón que hizo que mi amiga Karishma fuera abierta sobre el dolor de la enfermedad de su madre, que Nimrat Kaur aceptara la alegría y que yo volviera a escribir este libro después de perder mis notas.

Ética y gestión de la energía

Tuve una conversación fantástica con Amanpreet Singh Bajaj, *general manager*, India, Sudeste asiático, Hong Kong y Taiwán, Airbnb, acerca de la gestión de la energía, los trucos de productividad y cómo esta ética de trabajo procede de la idea de negocios honestos del sijismo.

P: ¿Crees que el sijismo fomenta el trabajo duro?

R: Soy sij practicante y mi religión es una gran parte de mi vida. De la sabiduría que mis mayores me han pasado sé que en nuestra cultura se hace hincapié en una vida honrada y una actitud sincera. **Hay una expectativa muy clara de que todos los sijes se ganen la vida trabajando.** La forma en la que esta idea se manifiesta en mi vida es que hago un seguimiento de mis elecciones del día a día que dan forma a mis valores a largo plazo. Las decisiones que tomamos cada hora o cada semana se van sumando y, al final, se convierten en nuestra vida. Cuando lo miras de esa forma, no hay forma de escapar del trabajo duro.

P: ¿Qué trucos hacen que aumentes mucho tu productividad?

R: El truco número uno para mí es hacer las cosas importantes primero. Por eso, siempre empiezo el día con la tarea más crítica. También creo que, si eres capaz de dar a la tarea más difícil tu mejor nivel de concentración y energía, serás efectivo en tu trabajo. Además, no estarás postergando hacer algo que es importante. He barajado ambos métodos, hacer lo más difícil primero y hacer lo más fácil primero para lograr impulso. Lo que he visto es que, en mi caso, lo que funciona es hacer primero lo más duro.

Otro truco que todavía no he incorporado, pero que quiero hacer de verdad, es despertarme de madrugada, algo que se denomina *amrit vela* en sijismo. Siempre que me he despertado temprano y he tenido una hora para mí a primera hora de la mañana, los resultados han sido mágicos. Tengo la mente liberada, no hay nadie más levantado yendo de un lado para otro, mi hijo todavía duerme, así que puedo fijar mi intención para el día. Podría ser trabajo, introspección personal o simplemente estar conmigo mismo, algo que me centre. Nuestro Gurú Granth Sahib aboga por despertarse de madrugada porque el aura de ese momento es positiva. Te puede ayudar a distanciarte incluso cuando tienes plazos de entrega muy ajustados que causan estrés.

P: ¿Crees que el descanso o el ocio tienen una función en el trabajo duro?

R: En el mundo siempre conectado actual, la separación entre la vida y el trabajo se está difuminando. Recurro a los valores sijes de ganarme la vida trabajando, pero también vivir una vida familiar para lograr un equilibrio. Antes, me resultaba difícil. Veía un bloque vacío de cuatro horas y pensaba «tengo que acabar de escribir ese correo electrónico o ese informe». En los últimos años, trazar una línea estricta y no asistir a reuniones más allá de cierto tiempo durante el día me ha ayudado a encontrar la felicidad. De hecho, incluso en el trabajo, me ayuda a ser más productivo y a filtrar lo que es más importante y lo que no lo es.

Mi manera de hacerlo es usar mucho más mi calendario. Como sabes tus fechas de entrega, cuando asignas tiempo para el trabajo en el calendario, te liberas espacio en la cabeza. Cuando no piensas constantemente en todo lo que tienes que hacer, liberas tiempo para pensar de una forma más creativa y mejorar en la resolución de problemas. Al fin y al cabo, más que gestionar tiempo, lo que gestionamos es energía. Cuanta más energía conservemos, más podemos usarla para cosas que nos importan. Al mismo tiempo, tenemos que saber que las herramientas tecnológicas nos ayudan, pero están a nuestra disposición, no podemos estar a merced de lo que digan. Créeme, me ha costado tiempo llegar a este punto.

Comparación entre la mentalidad fija y la de crecimiento

La idea de Nanak del siglo xv de vivir en este mundo y trabajar duro está muy respaldada por la ciencia moderna. Durante décadas, los psicólogos y científicos sociales han estado proclamando a los cuatro vientos el poder de trabajar duro. Nuestra tendencia es considerar que los emprendedores de éxito, los académicos pioneros, los deportistas y actores premiados tienen mucho talento, son guapos o inteligentes. Pero si les preguntáramos cómo han logrado el éxito (y muchos investigadores lo han hecho), confirmarían que el trabajo puro y duro es más importante para lograrlo que una habilidad natural, el coeficiente intelectual o la suerte.

El actor Will Smith arroja sabiduría sobre esta idea: «Lo único que veo que me diferencia a mí es que no me da miedo morir en una cinta de correr», afirma. «A mí no me van a superar, y punto. Puede que tengas más talento que yo, o que seas más listo que yo, o más sexi, puedes ser todo eso, me has ganado en nueve categorías. Pero si nos subimos a la cinta de correr juntos, una de dos: o tú te bajas antes, o yo me muero. Es así de sencillo, ¿vale? No me vas a ganar. Es un concepto muy sencillo y elemental. El tío que está dispuesto a trabajar más duro es el que consigue ese balón suelto».

En un experimento llevado a cabo por Hans Schroder de la Universidad de Michigan, los participantes fueron divididos en dos grupos y se les dieron tareas cada vez más difíciles. El grupo que fue felicitado por su esfuerzo («¡Habéis trabajado realmente duro!») obtuvo mejores resultados después de sus errores en comparación con el grupo al que felicitaron por su intelecto («¡Sois muy listos!»).

Los estudios demuestran que los hijos que son alabados por su talento desarrollan una mentalidad fija en la que creen que su nivel de inteligencia es un rasgo permanente que no puede crecer. En cambio, los niños a quienes se felicita por sus esfuerzos desarrollan una mentalidad de crecimiento en la que creen que sus talentos pueden crecer a través de buena formación, trabajo duro y persistencia.

La mentalidad de crecimiento es sinónimo de ser resiliente. Es difícil no tomarse las cosas como algo personal cuando te esfuerzas mucho, tanto en el trabajo como en la vida personal. Nadie se convierte en un experto en su campo sin cometer errores y perseverar frente a ellos. De forma parecida, romper viejos hábitos e inculcar valores como el agradecimiento, el valor y la resiliencia rara vez son agradables. **Los sijes siguen trabajando duro en el trabajo y en la vida personal porque es un mensaje clave de Nanak y, con los siglos, la idea de esforzarse para lograr frutos se ha convertido en una parte esencial de los valores de la comunidad.** El trabajo duro y sincero en nuestra vida profesional nos hace creer en soluciones orientadas a la acción para otros aspectos de la vida en los que tengamos dificultades.

Mi propio camino personal no es una excepción. Mi padre es un sij devoto y también la influencia más fuerte de mi vida. Siempre me ha aconsejado respecto a mi educación y mi carrera profesional: «Agacha la cabeza y trabaja». Persevera en tu trabajo a pesar de los contratiempos, disfruta de lo que haces y no te quejes por trabajar muchas horas. El hecho de que me inculcara esta idea aparentemente sencilla en mi sistema de valores a temprana edad aseguró que yo me comprometiera con volver a aprender algo cuando no hacía las cosas bien. Pero no fue necesariamente un camino de rosas.

En mi primer viaje con una revista de moda, escribía, corregía y revisaba fatal (básicamente, es en lo que consiste mi trabajo). Aunque me sentía como una fracasada y muchas veces tuve la tentación de dejarlo, la sij dentro de mí perseveró. En lugar de abandonar, trabajé duro, encontré otro viaje en una revista de viajes y seguí escribiendo.

En un caso de libro de texto de mentalidad de crecimiento, sabía que me faltaba habilidad, pero tenía suficiente pasión por el tema para creer que podía mejorar. A través de las páginas marcadas con tinta roja y las historias publicadas que sabía que podía leer con más fuerza, perseveré. Haciendo caso a los consejos de mi padre y absorbiendo la cultura de mi comunidad, escribí y reescribí, con ansias de tener más oportunidades de ser mala hasta que fui buena. Me acercaba a mi trabajo desde un lugar de humildad y una falta total de actitud altiva; poco a poco, me gané un lugar como empleada favorita de mi jefe inmediato y de los de más nivel donde fuera que trabajaba.

Con el tiempo y más recientemente, después de tener un bebé en medio de una pandemia, el hábito de trabajar duro me ha sido muy útil. Pude superar momentos y fases difíciles pasando a la acción, tal y como me ha enseñado mi fe. Aunque tuviera un mal día o me sintiera agotada mentalmente, perseveraba porque he visto que el trabajo duro da frutos en mi vida profesional. Me ayudó a tener fe en mi propia capacidad para que mi vida y mi situación fueran mejor, y, con el tiempo, las cosas mejoraron.

Vamos a analizar la idea de trabajar duro para poder implantarla desde el punto de vista práctico.

La regla de las 10.000 horas

Los psicólogos Benjamin Bloom y K. Anders Ericsson incluso han podido cuantificar la cantidad de trabajo necesario para convertirse en un experto en un campo concreto. Afirman que, tanto si quieres dominar la cerámica, como la contabilidad o la natación, necesitas 10.000 horas de práctica para lograr ese objetivo.

La primera vez que leí algo sobre la regla de las 10.000 horas fue en el libro de Malcom Gladwell *Fueras de serie: Por qué unas personas tienen éxito y otras no*. En uno de sus capítulos, cuenta historias fascinantes de iconos como los Beatles y Bill Gates, que practican su habilidad como mínimo durante 10.000 horas antes de tener éxito. También se señalaba que esa cifra de 10.000 horas normalmente se tardaba diez años en conseguirla.

Leí esa investigación al principio de mi carrera periodística profesional en 2010, y, de algún modo, se me quedó grabada esa cifra. Pero en ningún momento me sentí tan identificada con esta idea como en 2021, unos diez años después. Una década de escribir artículos de viajes y estilo de vida me ha dado la capacidad de producirlos casi con los ojos cerrados, sin comprometer la calidad. Recientemente, me hicieron el mayor cumplido de mi carrera profesional por una historia que escribí estando de vacaciones en Goa, con resaca y yendo escopeteada a coger un avión. Soy la prueba viviente de que la práctica hace al maestro y de que no hay atajos para la regla de las 10.000 horas.

Por lo tanto, si la determinación importa más que el talento, ¿cómo llega uno a esa cifra de 10.000 horas? Tener que hacer malabarismos para cuidar a mi bebé y escribir el libro me obligó a repensar mi estrategia de productividad y di con varios trucos. Además, hablé con muchos sijes que descubrí al hacer la encuesta por WhatsApp sobre sus trucos en la vida real para trabajar duro en profesiones y negocios.

Una sola tarea

Empecé a trabajar en este libro cuando mi bebé tenía cinco semanas y trabajar con un recién nacido sin duda fue complicado. Yo estaba mucho más dispersa y, al principio, salía corriendo si oía el mínimo atisbo de lloro de Azad. Era evidente que mi forma y mi espacio para trabajar tendrían que cambiar. Aunque no fuera así, muchos de nosotros estamos estancados con métodos y rutinas que establecemos al principio de nuestras carreras profesionales. Mientras tanto, campos como la ciencia, la tecnología y el bienestar han hecho descubrimientos increíbles sobre cómo pueden trabajar las personas no solo mejor sino también de forma más inteligente. ¿Por qué no armarnos con este conocimiento?

Para evitar saltar cada vez que Azad daba un gritito y desconcentrarme al volver a la mesa de trabajo, decidí hacer dos grandes cambios en mi vida de trabajo: primero, pasé mi espacio de trabajo a un sitio sin distracciones y, segundo, dejé la multitarea para hacer una sola cosa al mismo tiempo. Como alquilar una mesa en un *co-working* no era una opción durante la pandemia, dejaba a mi bebé con mi marido, que estaba trabajando desde casa, y me iba a casa de mis padres para trabajar bastante a menudo. Incluso mientras estaba allí dejaba el móvil en otra habitación y solo lo miraba cuando acababa una tarea en concreto. Esto fue un punto de inflexión y me ayudó a lograr mucho en unas pocas horas. Cuando no tienes tiempo para posponer las cosas, tu productividad puede aumentar.

Cuando me ponía a trabajar, pasé a hacer una cosa a la vez. Mientras investigaba para escribir el libro, leí que hacer varias tareas a la vez no ayuda a la productividad sino todo lo contrario: hay estudios que demuestran que entorpece la precisión y la eficacia y reduce el rendimiento cognitivo general. Mi ritmo mental frenético como madre primeriza hacía que me fuera difícil concentrarme, así que hacer solo una sola tarea fue primordial para ayudarme a respirar, empezar y acabar algo en vez de no acabar nada. Pasar a hacer solo una cosa no fue fácil, pero mi vieja costumbre de escribir las cosas me ayudó a implantarlo.

Toma notas

Cuando era becaria en un periódico, fui a cubrir una conferencia de prensa sola y mi superior me dijo: «Escríbelo todo y ya veremos qué significa cuando vuelvas». Fue un consejo excelente. Desde entonces, destaco por tomar notas. En mi época de estudiante, me ayudó a recordar las lecciones y sacar mejores notas. Durante mi carrera de periodismo, escribir las cosas me ayudó a recordar los detalles más precisos del viaje que se pierden con la memoria fugaz. Además, creo que apuntar las cosas me ayuda a concentrarme en la información relevante, hace que sea mejor entrevistadora y me ayuda a escuchar mejor.

La razón por la que me afectó tanto perder las notas es que había hecho muchísimas conexiones fuertes entre los textos y mis propias ideas mientras apuntaba las cosas. Después de tener a un bebé, volvía a anotar cosas con ganas. Apuntaba cosas en los márgenes de los libros que leía como investigación. Todas las mañanas, escribía en una libreta las tres tareas que tenía que hacer (esto me ayudó a concentrarme en un número limitado de objetivos diarios). Tenía una libreta a mi lado todo el día, así que cada vez que se me ocurría una idea genial para otro capítulo o una duda relacionada con el bebé, la anotaba enseguida y seguía con la tarea que estaba haciendo, en vez de interrumpir mi *flow*. Se lo recomiendo a todo el mundo, no solo a los escritores.

Trabaja con inteligencia (además de trabajar duro)

¿Cuánto trabajo exactamente tiene que hacer alguien para que se considere que trabaja duro?

Para responder a esta pregunta, dividí la cifra de 10.000 entre una semana de trabajo regular y la respuesta fue 20 horas a la semana. Para las personas que trabajan de 50 a 60 horas en la oficina, esto parece una nimiedad, pero hay una trampa. Esas 20 horas se tienen que dedicar a la habilidad específica que intentas mejorar y tienes que retarte a ti mismo a trabajar a un nivel por encima de tu habilidad actual. Es crucial calibrar sinceramente si lo vas a hacer o no. Por ejemplo, cuando pasé de escribir textos de moda a textos de viajes, primero dominé escribir los textos más pequeños, después, la historia de compras de cinco páginas mensual y, finalmente, el reportaje de peso de diez páginas. El tiempo que pasé sentada en reuniones, respondiendo correos electrónicos, corrigiendo pruebas, haciendo otra investigación eran además de esas 20 horas a la semana que me pasaba mejorando específicamente mis habilidades de escritura.

La psicóloga y autora Angela Duckworth lo denomina «práctica deliberada» en su libro *Grit: El poder de la pasión y la perseverancia*. También cita la regla de las 10.000 horas de K. Anders Ericsson, pero profundiza un poco más en su idea. «Así es como practican los expertos», escribe Angela. «Primero fijan un "objetivo flexible" concentrándose en solo un aspecto estrecho de todo su rendimiento general. En vez de concentrarse en lo que ya hacen bien, los expertos se esfuerzan por mejorar puntos débiles específicos. Buscan a propósito retos que todavía no pueden cumplir... Después, con una atención exclusiva y gran esfuerzo, los expertos se esfuerzan por lograr su objetivo flexible. Es interesante que muchos opten por hacerlo mientras nadie los mira».

¡No es de extrañar que todos queramos creer en los genios! Normalmente, no vemos el trabajo duro que hay detrás de logros mundialmente famosos. Hablé con otra *sardarni* que utilizó su década en gestión de eventos para mejorar poco a poco sus habilidades y conseguir llegar a donde quería. Supreet Kaur fue contratada por la empresa de gestión de eventos OML en 2011. Al principio, su responsabilidad era ocuparse de los artistas, pero lo que quería de verdad era un trozo de la propiedad más grande de la empresa: el festival de música NH7. La primera oportunidad que tuvo para trabajar con NH7 fue al formar parte del equipo de requisitos técnicos. No sabía nada sobre equipos de música, pero se pasó aquel año leyendo manuales, haciendo investigación *online* y llamando a los vendedores para aprender hasta el mínimo detalle. Al año siguiente, dirigía el equipo técnico y en 2019, Supreet Kaur fue la directora del Festival NH7. Su práctica deliberada ha dado frutos y se ha convertido en una experta en la creación de experiencias a gran escala para amantes de la música.

También hablé con mi tío Harjeet Singh Rekhi, que creció en un hogar sij en el que era importante trabajar duro y ser independiente desde el punto de vista financiero. Trabaja en marketing desde la década de 1980 y fue invitado a mudarse de Nueva Delhi a Singapur porque sus campañas ultraexitosas aumentaron tanto las ventas que agotaron las existencias. En la actualidad, es director global de ciudades digitales para Dell Technologies y atribuye ese rápido ascenso en el escalafón a la gestión efectiva del tiempo. Si la gestión del tiempo te suena demasiado básica para ser una habilidad rompedora, piensa en cualquier oficina en la que hayas trabajado y podrás señalar a los empleados o emprendedores que gestionaban el tiempo de forma efectiva y a los que se dispersaban hasta el final de la jornada para acabar las tareas cotidianas.

Cada domingo por la tarde, Rekhi revisa la semana que va a empezar para estar preparado mentalmente y solicita todos los datos e información que pueda necesitar a otros compañeros de trabajo. Rekhi tiene otro truco genial en el que retrocede desde el día de la presentación y la agenda de lo que debe hacer el día antes, la semana antes y, a veces, incluso el mes antes. «Solo si me preparo correctamente para todas las cuestiones previsibles tendré capacidad para encargarme de las complicaciones imprevistas», añade. La gestión efectiva del tiempo le ayuda a evitar el pánico de último momento e impresiona a sus superiores al tener respuestas a preguntas difíciles.

Cultiva tu coeficiente emocional (además del intelectual)

El afán de excelencia de Kaur y la disciplina de la gestión del tiempo de Rekhi me hizo pensar qué hacía que fueran distintos a los demás. Indagué y llegué a la conclusión de que son personas que guían su vida profesional de forma consciente. Tener un buen coeficiente emocional es clave para muchas habilidades blandas como tomarse bien el *feedback*, tomar decisiones claras, responsabilizarse de los propios errores, jugar en equipo, respetar el tiempo de los demás o gestionar el estrés. Las personas que prestan atención a su crecimiento personal florecen como empleados, compañeros de trabajo, amigos y jefes.

¿Cómo usamos nuestra inteligencia emocional para trabajar mejor?

1. El primer paso siempre es la toma de conciencia. Presta atención a lo que sientes en un día normal cuando pasa algo positivo o negativo en el trabajo. Observa si hay una diferencia en tu comunicación

con los compañeros de trabajo en función de tus emociones. No tomes decisiones hasta haberte calmado.

2. Gestiona el estrés, ya sea contando chistes como mi padre, haciendo ejercicio físico o levantándote temprano para tener tiempo para ti como sugería Bajaj.

3. «Es importante practicar la escucha con intención», afirma Kaur. «Cuando escuchas de verdad y prestas atención a las señales no verbales, puedes hacer preguntas de calidad y aprender a aceptar el *feedback*. Con el tiempo, esto conduce a una mentalidad de crecimiento de liderazgo».

4. Ten más empatía. Analiza cómo respondes cuando no estás de acuerdo con un compañero de trabajo. ¿Lo escuchas aunque pienses que está equivocado? ¿Reconoces la emoción que hay detrás de su punto de vista?

5. Pero recuerda que, aunque desde fuera pueda parecer otra cosa, a nadie le gustan todas las tareas asociadas con su trabajo, pero las hacen igualmente. Yo era escritora de viajes, pero pasaba mucho tiempo en mi mesa entrevistando a lugareños expertos sobre sus sitios preferidos y creando historias ricas en investigación *online*. Mi solución para esto fue mejorar en mi trabajo hasta que mi supervisor empezó a recomendar mi nombre para los proyectos de viajes.

Disfruta de tu pasión

Algunos de los sijes que trabajaban duro con los que hablé pertenecen a la categoría de personas salvajemente creativas que trabajaban en el campo con condiciones exigentes y largas jornadas. Tejinder Singh Khamkha es fotógrafo en los escenarios de películas de Bollywood: ¡un entorno especialmente agotador con jornadas laborales que a veces se alargan hasta 36, 48 o 72 horas! Él atribuye su impulso para aguantar esos horarios locos a su pasión y a que experimenta un «subidón» mientras hace su trabajo. Sin embargo, durante muchos años, sus padres no estaban seguros de que hubiera encontrado el camino correcto al decidir ser fotógrafo en vez de una presión lucrativa más tradicional.

Muchos jóvenes que quieren dedicarse a carreras poco convencionales no encuentran el apoyo familiar que necesitan. A menudo los padres quieren ver ante todo una estabilidad financiera en el futuro de sus hijos y sus hijos crecen oyendo este mensaje. Pero piensa esto: un estudio de Gallup afirma que el 85 por ciento de los empleados de todo el mundo no están comprometidos con el lugar de trabajo en 2021. Esto es muy importante porque, según la ciencia, no solo rendimos más en el trabajo cuando nos interesa el trabajo en sí, sino que somos más felices cuando pasamos la vida haciendo algo que nos gusta (parece de sentido común, pero no es una práctica habitual).

¿Cómo es posible que algunos encontremos nuestras pasiones pronto en la vida mientras que la mayoría de las personas no trabajan en campos que les interesen? Duckworth aborda la pasión en su libro y aconseja a la gente explorar suficientemente pronto en su carrera profesional. Encontrar tu pasión puede ser un camino confuso y que exige que tu familia y tú tengáis paciencia. La autora señala que suponemos que la pasión debería golpearnos como un relámpago, pero en realidad puede evolucionar yendo por senderos equivocados y conectando con tu pasión el tiempo suficiente para aprender sus matices antes de que la conviertas en la llamada de tu vida. Soy consciente de que para muchas personas la clase y las situaciones financieras crean obstáculos insuperables en el camino para perseguir su pasión. Pero cuando puedes elegir, decidirte por tu pasión en vez de por la opción más práctica o fácil garantizará que seas bueno en lo que haces y también que seas más feliz. Quizás entonces el trabajo no te parecerá tan duro.

Cómo vivir en *chardi kala*

Rajinder Singh Harzall es un sij británico que nació en el año de la independencia de la India. Su padre, el cabo Makhan Singh, luchó en la Segunda Guerra Mundial formando parte del ejército indio británico y, cuando Harzall tenía seis años, le enseñó la técnica del *skipping* (dar saltos). Era una forma de estar ocupado y de alejar los pensamientos negativos. Harzall lleva toda la vida siendo activo y come comida sana y sencilla como pan y mantequilla con cúrcuma.

Su rutina diaria incluye despertarse a las 4 de la madrugada para rezar y, después, ir al *gurdwara*. Pasa los días haciendo *seva*, primero con un *challenge* de saltos con niños de primaria de Khalsa en Slough y después llevando pastel y comida a refugios para personas sin hogar. Tiene casi setenta y cinco años y continúa saltando, corre maratones para organizaciones benéficas y combina su amor por el ejercicio con la tradición de servicio altruista que fomenta su fe.

Cuando llegó el confinamiento de Londres, la hija de Harzall, Minreet, se quedó preocupada por cómo abordarían sus padres estar atrapados dentro de casa y no poder ver en persona a su comunidad ni visitar el *gurdwara*. Por eso, sugirió a su padre que empezara un *challenge* de saltos en YouTube para ayudar a otras personas a seguir siendo activas durante el confinamiento. La respuesta de Minreet para ayudar a su familia fue típicamente sij ya que incluía ayudar también a gente que no conocía. Minreet subió el primer vídeo de saltos y, para su sorpresa, se hizo viral.

El *challenge* de saltos de Harzall ha aparecido en la CNN, la BBC y los canales de noticias más importantes de la India desde entonces. Cuando hablé con él, Harzall había recaudado más de 14.000 libras para el sistema de salud nacional del Reino Unido y había recibido el premio Points of Light a manos del primer ministro Boris Johnson.

No parecía afectado por toda la atención que atraían sus vídeos. «Si puedo ofrecer algo a la sociedad y ayudar a las personas, significa que mi causa vale la pena», dijo. «La fama no importa. Soy feliz al ayudar a los demás a aprender a saltar y seguir activos. Mi cuerpo es mi templo y hacer ejercicio me hace feliz, me hace estar alerta y me da energía. Me ayuda a estar en *chardi kala* todos los días de mi vida».

Harzall no fue la primera persona que me mencionó la *chardi kala*, sino que, mientras escribía este libro y hablaba con sijes de todo el mundo, no dejaba de aparecer. Hablábamos del humor o del trabajo duro y, de repente, **aparecía *chardi kala*, el espíritu que define quiénes son los sijes.** Por eso decidí acabar este libro dedicándole un capítulo.

¿Qué es la *chardi kala*?

Las palabras *chardi kala* forman parte del estribillo con el que se acaban los *ardaas* (rezos sijes) que se recitan a diario en el *gurdwara* y en todas las ocasiones importantes de las casas sijes. Lo traduje en la introducción, pero vale la pena repetirlo:

Nanak naam chardi kala, tere bhane sarbat da bhala

(*Nanak*, con *naam*, es decir, divinidad, ven eterna positividad. Si Dios quiere, que haya paz y prosperidad para todas las personas del mundo).

Chardi kala significa literalmente positividad eterna, pero hay gente que también lo interpreta como una actitud optimista ante la vida, estar alegre o canalizar optimismo tanto en tiempos felices como complicados. Los gurús sijes dicen explícitamente a sus adeptos que digan estas palabras cuando la vida les da un golpe, para que *sardars* y *sardarnis* sepan a qué recurrir ante la adversidad.

La *chardi kala* es lo que inspira a los sijes a disfrutar la vida y a reír con facilidad. Es lo que nos ayuda a construir resiliencia y desarrollar una mentalidad de crecimiento. Es lo que llevó a Hasmeet Singh Chandok a crear los vídeos de *bhangra* en YouTube y lo que hace que los agricultores que se manifiestan den comida a los policías. Es por lo que Nimrat cocina, limpia y baila a diario lo que hace que Manjeet Singh y su familia acepten la diversidad. Es lo que hace que mi padre haga que todo el que le rodea se ría y por lo que mi *nani* y su generación no están resentidos por los traumas de la Partición y 1984.

El máximo secreto de los sijes al hacer el bien es que lo hacen disfrutando, por placer, risa y compañía. Ser bueno no es un trabajo arduo para nosotros. Al contrario, es una alegría, por eso la comunidad lo hace una y otra vez, ofreciendo cada vez un bien más grande y mejor. Todos sabemos cómo ser buenos o hacer el bien. Pero parece difícil. La idea transformadora del sijismo es convertir hacer el bien en una celebración.

Del mismo modo que el budismo tiene el *mindfulness*, el taoísmo tiene el contentamiento, la cultura danesa, el *hygge* (bienestar acogedor), el sijismo tiene la *chardi kala*. Lo que diferencia al sijismo es que no se centra en llegar a un lugar feliz, sino en manifestar felicidad en todos los lugares, usando una actitud positiva para abordar la vida con trabajo duro, benevolencia, servicio y alegría.

Vivir en *chardi kala* significa abandonar el hábito de quejarse y procurar buscar el lado bueno de las cosas. Si te has quedado sin trabajo, considera que es una oportunidad de evaluar el propósito de tu vida o pasar tiempo con tus hijos. Conozco a personas que gestionaron el estrés de coger el coronavirus pensando en viajes futuros cuando los anticuerpos hicieron efecto. Si eso te parece demasiado, empieza reformulando un estrés relativamente menor. Ni siquiera tienes que ser religioso para adoptar esta lógica. El autor y consultor de negocios Harrison Owen ha escrito estas cuatro leyes inmutables del espíritu:

1. Quienes estén presentes son las personas correctas.
2. Empieza cuando es el momento adecuado.
3. Lo que pasa es lo único que podría haber pasado.
4. Y cuando se acaba, se ha acabado.

El chef *mindful*

Estoy rodeada por sijes, por eso, puedo observar cómo pueden vivir en *chardi kala*. Hablé con el famoso chef Ranveer Brar, un alma realmente sabia que hace que el *mindfulness* sea accesible a todo el mundo mediante sus palabras sencillas pero reveladoras.

P: ¿Cuándo oíste por primera vez las palabras *chardi kala*?

Brar: Todos los niños sijes crecen con el estribillo «*Nanak naam chardi kala, tere bhane sarbat da bhala*» en su *gurdwara* o en casa. Cuando oímos esas palabras, todo el mundo sabe que ha acabado el *ardaas* y es hora de inclinarse ante el Gurú Granth Sahib en señal de entrega. De niño, las palabras *chardi kala* eran la señal de que tenía que inclinarme físicamente (no quería arriesgarme a pasar vergüenza haciendo la reverencia en el momento equivocado), pero nunca reflexioné realmente sobre lo que significaban esas palabras hasta que fui mucho mayor.

P: ¿Qué significa *chardi kala* para ti?

Brar: Para mí, hay dos conceptos importantes en este estribillo. El primero es *bhana* o la voluntad de Dios. Pasarán cosas que escapan a nuestro control, así que tenemos que aprender a aceptar lo que son. Dicen «*tera bhana meetha laage*», que significa que tienes que encontrar la dulzura en la voluntad de Dios, aunque no sea como te gustaría que fuera. Parece angustioso, feo o malo, pero te das cuenta solo paulatinamente de que esa frase significa mucho. Es probable que lo signifique todo. La gente tiene muchas interpretaciones de *chardi kala*, pero para mí significa ecuanimidad de la mente.

P: ¿Ha habido algún momento de la vida en la que estar en *chardi kala* te ayudara de verdad?

Brar: Cuando vivía en Nueva York, tuve una mala racha y me vi obligado a cerrar las puertas de mi restaurante indo-francés, Banq. Aquel final fue devastador.

Yo nunca había experimentado el fracaso porque era un chef de mucho éxito en la India. Después de aquello, me fui a vivir a Boston y, de hecho, volvía al *gurdwara* para intentar encontrar respuestas en mi educación y mi religión. Empecé a hacer *seva* y *langar*, algo que había hecho durante gran parte de mi infancia. Ahí fue cuando aprendí a rendirme a la voluntad de Dios y me di cuenta de que, mientras esté en un buen estado mental, todo irá bien.

Siempre digo que hay una religión con la que naces y una que adoptas conscientemente. En la India, normalmente, no tienes elección porque naces con una. En mi caso, adopté el sijismo en sentido estricto en aquel momento. Lo puse a prueba y vi que a mí me funciona. El *chardi kala* me ayuda a estar animado durante mis problemas, pero también continúa en los buenos tiempos porque recuerdo ese estado mental tranquilo y lo sintonizo de nuevo.

La pesimista hace un test de personalidad

Mientras investigaba para este libro, leí *Aprenda optimismo*, de Martin Seligman, el padre de la investigación sobre la felicidad en la psicología contemporánea. Algo me dejó en *shock* (en lenguaje de la generación Z). Al principio del libro, hay un test para ver el nivel de optimismo que tienes. No había hecho un test de personalidad desde que tenía 20 años, así que me lo tomé como un ejercicio divertido. Cuando vi el resultado, comprobé que había sacado la máxima puntuación posible, lo que significa que soy enormemente optimista.

Déjame explicar por qué este resultado me pilló desprevenida. En la introducción he explicado que la comunidad en general inculca ciertos valores, pero no todos los sijes son valientes y generosos y resilientes y divertidos y trabajan duro. Yo soy un ejemplo clásico de sij a quien a menudo le ha costado tener un punto de vista positivo.

Siempre he sido una escritora oscura, temperamental, y me consideraba pesimista-realista en el mejor de los casos. Estoy segura de que fui sincera al responder al test. O bien no era preciso (aunque hay que recordar que lo creó Seligman, no alguien que escribe para una revista de adolescentes) o mi autoanálisis estaba equivocado. En cualquier caso, me hizo pensar en mí de otra forma.

Los estudios muestran que, si actúas de una forma más positiva, energética y animada, te conviertes en esas cosas. Hacia el final del proyecto de este libro, vi esta tesis desarrollarse en mi propio comportamiento. A medida que se acercaba la fecha de entrega de mi manuscrito, experimenté una oleada de positividad y sentí emoción en vez de estrés. Normalmente, incluso cuando me siento positiva respecto a algo, me da vergüenza o miedo decirlo en voz alta. Esa vez, fue extrañamente distinto. Cuando los familiares y amigos me preguntaban cómo me sentía al estar tan cerca de acabar el libro, solía decir «me siento realmente bien y positiva. Me alegra haber escrito el libro y estoy deseando que salga al mundo».

Hice una cuenta atrás de dos semanas hasta la presentación del manuscrito en Instagram y me encantó intercambiar mensajes motivacionales con compañeros de profesión, amigos, viejos compañeros de colegio e incluso desconocidos. Tenía ganas de atacar las páginas todos los días en vez de sentir pavor por si no tendría éxito o porque escribir es doloroso. Esto me ayudó a cumplir con mi previsión de tiempo y, en un par de ocasiones, adelantarme.

Eso no significa que no tuviera dificultades con la revisión. Tres días antes de la fecha de entrega de mi libro, mi bebé de diez meses desarrolló una fiebre muy alta y sin explicación, y perdí dos días recogiendo muestras de orina, haciendo análisis de sangre y visitando el hospital para hacer una radiografía torácica. Como la fiebre no respondía a la medicación, mi marido y yo pasamos muchas horas con la esponja para bajarle la fiebre y apenas dormimos porque teníamos que vigilar la temperatura durante toda la noche.

Normalmente, yo habría adoptado un punto de vista negativo y me habría lamentado de que las cosas eran especialmente difíciles en un momento crucial. Sin embargo, en esa ocasión, fui paciente y tuve fe en que todo saldría bien. Un día antes de la entrega, la familia de mi marido se hizo cargo del bebé y yo me pasé el día en casa de mis padres, acabando frenéticamente todo lo que podía. Cuanto más lograba, mejor me sentía, y cuanto mejor me sentía, más era capaz de tomar las cosas con calma y perseverar.

Por lo visto, todas las conversaciones que había tenido con sijes me habían contagiado algo. Al oír las historias personales de vivir la vida al máximo, hacer *seva* y vivir el espíritu de *chardi kala* me dio confianza en la idea. Sin duda, aligera el corazón vivir la vida esperando buenos resultados en vez de malos. ¿Escribir un libro acerca de los sijes me había hecho más sij? Estoy encantada de decir que creo que sí.

Recapitulación

En un mundo en el que uno se siente devastado por todo lo que le provoca desesperanza (desde el cambio climático a extremismos políticos a desastres naturales, pandemias incluidas), quiero acabar este libro con un mensaje de esperanza. El gurú Nanak cogió una idea radical y humilde del servicio altruista y transformó toda una comunidad con ella. Cada *sardar* y *sardarni* es solo una gota en el mar, pero mira lo que el océano colectivo del sijismo presenta al mundo.

Todos los puntos que hemos comentado en este libro sobre los valores y la cultura sijes participan en esta característica de hacer el bien. Los sijes hacen el bien no por una característica singular, sino porque las siete cualidades de trabajo duro, servicio, alegría, risa, resiliencia, valor e igualdad a menudo fluyen entre sí. Cuando procedes de un lugar feliz, ético y fuerte, hacer más el bien se convierte en un acto alegre y no en uno arduo.

Hacemos *seva* regularmente en cocinas de *gurdwara*, campamentos médicos y zonas de desastres porque el gurú Nanak nos dijo que el *seva* es tan importante como el rezo. Ayudar a los menos privilegiados que tú dirige tus pensamientos de tus preocupaciones personales a las desgracias de otras personas y también aporta agradecimiento por tu propia vida. Los sijes cocinan *langars*, limpian mezquitas y reconstruyen hogares a un ritmo meditativo para convertir la ansiedad interna en acciones que benefician a otras personas. Trabajar con las manos fue la estrategia de Nanak de poner en marcha una cadena infinita de positividad, agradecimiento y resiliencia en el mundo real.

No nos asusta perseguir la felicidad y disfrutar de placeres sin sentir culpabilidad. Pero también sabemos cómo aportar alegría a la vida diaria comiendo juntos, contando chistes, pasando tiempo con los seres queridos y cantando y bailando con entusiasmo. Los *singhs* y las *kaurs* han sido instruidos por su religión a encontrar su *miri piri*, el equilibrio entre la felicidad material y la alegría espiritual. Nuestro fuerte código ético nos ayuda a descartar la opinión externa y vivir la vida plenamente. Vivir con sensación de felicidad y alegría diarias nos ayuda a canalizar la conciencia y *chardi kala*, sin importar si la vida nos da limones o limonada.

Practicamos la igualdad y mostramos dignidad y respeto a hombres y mujeres y también a personas de distintas fes, castas y situaciones económicas. Damos un paso más y las aceptamos en nuestra hermandad compartiendo el pan con estas personas en el suelo de nuestros *gurdwaras*. No necesitamos que nadie se convierta a nuestra religión porque nuestras puertas están abiertas a todo el mundo, sobre todo en momentos de desastres naturales y ataques terroristas. Nuestro lugar más sagrado se llama Harmandir Sahib, que significa «el templo de todo el mundo», y tiene cuatro puertas en las cuatro direcciones para dar la bienvenida a cualquier persona que quiera encontrar paz, rezo o simplemente comer una comida reconfortante. La inclusividad está en nuestro ADN, y la comunidad y buena voluntad que genera celebra el bien que enviamos al mundo, desde Patiala a París.

Actuamos con valentía a favor de los débiles incluso cuando supone un gran coste personal. Cuando hay que enfrentarse a acosadores, no diferenciamos entre víctimas sijes y no sijes. Vivir con valentía y honor es una tradición que viene de lejos en el sijismo, desde la contribución de los guerreros de la orden Khalsa creada por el gurú Gobind Singh hasta los expertos en artes marciales del maharajá Ranjit Singh o los premios al valor ganados por los regimientos sijes en el ejército indio. Nos ayuda a sentirnos bien por nuestra contribución a la sociedad e incluso por nuestra mera existencia. De nuevo, esta confianza interna resplandece como positividad.

«Resiliencia» es sinónimo de *chardi kala*, aunque tenga la connotación de recuperarse de la adversidad. Los sijes tienen la capacidad de superar sus circunstancias y hacer el bien incluso ante la adversidad porque nuestra religión nos ha enseñado que hay que practicar el agradecimiento. Es lo que mantiene vivos a nuestros espíritus en los días más oscuros cuando han despedazado nuestra tierra y han perpetrado delitos de odio racistas contra nosotros. Los ejemplos que nuestros gurús y el resto de los sijes han dado antes que nosotros son una inspiración para no hundirse sino nadar cuando la vida nos da un golpe duro.

Trabajar duro nos aporta significado y propósito a nuestras vidas. Uno de los mensajes centrales del gurú Nanak era trabajar duro y ganarse la vida de forma honrada. Tanto si eres taxista en Nueva York como un magnate en Nueva Delhi, en el sijismo no solo se hace hincapié en los beneficios sino también en la ética. Los sijes hemos encarnado esta enseñanza con gran integridad y también hemos visto prosperidad a través del fruto de nuestro trabajo. Tenemos fe en nuestra propia capacidad de trabajar duro y en que nos vaya bien por nosotros mismos y esto nos da seguridad y confianza. Después de labrar el campo todo el día, el agricultor sij disfruta de una buena comida con la familia (y quizás de un trago o dos) y, después, descansa con el dulce sueño que se tiene después de trabajar con honradez.

Tenemos la capacidad de reírnos de nosotros mismos y de hacer que otros también se rían. Probablemente, esta sea la cosa que prefiero de mi propia comunidad. Podemos aguantar bien las bromas debido a que nuestra fuerza está arraigada en nuestra propia valía y podemos contar chistes para hacernos entrañables para los desconocidos. He visto personalmente lo poderoso que puede ser el sentido del humor en la comunicación y los sijes saben cómo ser divertidos sin esforzarse demasiado. Si eso no es positividad, no sé qué es.

Ese es el sentido de vivir en *chardi kala*. Los sijes cantamos estas dos palabras siempre en nuestra vida, en días ordinarios cuando visitamos el *gurdwara*, en bodas y celebraciones y el uno con el otro, en conversaciones cuando la moral baja. Independientemente de lo que quieras aprender o no de este libro, si puedo hacer que esperes y creas que podemos ayudarnos y confiar los unos en los otros, que podemos encarar la adversidad y seguir riendo y que podemos vivir a lo grande y a la vez ser altruistas, consideraré que ha *valido la pena el esfuerzo de escribir este libro.*

Agradecimientos

Estaba aislada en casa durante el confinamiento del Covid-19 con un bebé de cinco semanas cuando el equipo de Juggernaut se puso en contacto conmigo y me dijo si me gustaría escribir un libro acerca de los sijes. Dije que sí casi al instante. Mi editora, Chiki Sarkar, me ayudó a cumplir mi sueño desde que era niña con este libro. Chiki, gracias por creer que podía producir mi primer manuscrito publicable en la agonía de ser madre primeriza, por cogerme de la mano durante el proceso y por la amabilidad que me has mostrado durante el camino (aquel período sabático de dos meses fue crucial para calmar mi mente sobrecargada).

Mi mentora y mejor amiga Divia Thani es quien recomendó mi nombre para este libro (creo que sus palabras exactas fueron: «Acaba de dar a luz, pero si alguien puede hacerlo, es ella»). Divia fue mi jefa durante mi puesto de cinco años como redactora de la revista *Condé Nast Traveller* de la India. Siempre ha sido increíblemente generosa dándome oportunidades de hacer grandes cosas y también con sus alabanzas hiperbólicas.

El libro está dedicado a mis padres, pero también tengo que mencionar a otros miembros de la familia. Mi *nani* fue una adelantada de varias décadas a su tiempo. Es mi inspiración para forjar mi propio camino. Mi marido, Aditya, que es más sij que yo, es el viento que mueve mis alas. Mi hermano, Shaan, es mi mayor defensor. Mis hermanas, Shivani y Sadhvi, son mis grandes apoyos desde que me casé, y mi sobrina, Yashita, es mi niña más sabia.

También querría dar las gracias a mis amigas, sin ellas no sería quien soy. Sana Rafi también es una escritora de obras publicadas; nos conocimos cuando estudiábamos en la universidad en la Pennsylvania rural en 2002 y firmamos los contratos de nuestros libros casi al mismo tiempo. El universo se asegura de que nuestras vidas siempre siempre coincidan. Mis mejores amigas de la infancia Reema, Namrata, Triman, Preet y Anisha siempre me han animado, y solo gracias a su apoyo, consejos y hombros en los que llorar he podido equilibrar criar a un bebé y escribir un libro. La banda «Hard Core» es oro. A Sunayana, Karishma, Nitika, Mallu y Surashmi las conocí posteriormente en mi vida, pero también me han apoyado con esta obra sin vacilar.

Por último, quiero dar las gracias a las fuerzas invisibles que contribuyeron a la creación de este libro. Simone, mi becaria, trabajó muy duro conmigo en este proyecto. Hizo que el proceso de escritura fuera menos solitario animándome y suspirando conmigo en cada paso del camino. Amruta es traductora y editora de profesión y también es una amiga: fue mi lectora más valiosa y me ayudó a poner a punto el libro. También quiero agradecer a mi ginecólogo y amigo, el doctor Munjaal V. Kapadia, por cuidar tan bien de mí y de mi familia durante la pandemia y responder a mis llamadas a todas hora del día.

Al universo: gracias por hacer que sucediera esto, estoy agradecida.